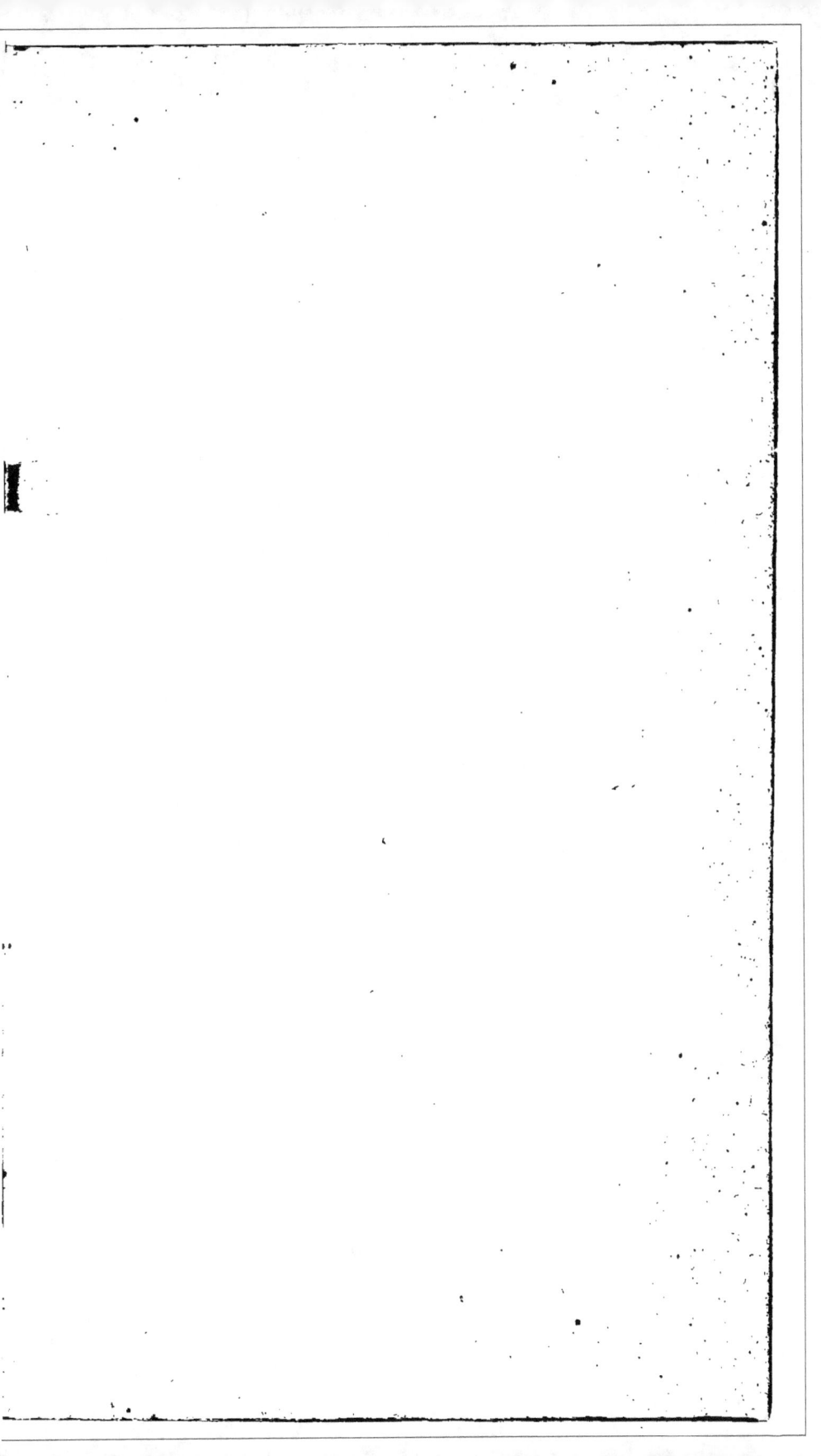

Lk7 855

FRAGMENTS
HISTORIQUES

SUR

BEAUNE

ET SES ENVIRONS.

BEAUNE. — IMPRIMERIE DE BLONDEAU-DEJUSSIEU.

FRAGMENTS
HISTORIQUES
SUR LA VILLE
DE BEAUNE
ET SES ENVIRONS,

Par Pierre JOIGNEAUX.

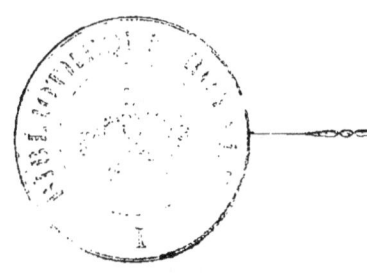

BEAUNE,
BLONDEAU-DEJUSSIEU, Libraire, place d'Armes.

PARIS,
GUILLEMOT, Libraire, rue Saint-André-des-Arts, 68.

1839

Avant-Propos.

Tout d'abord j'avais eu l'intention de collationner mes recherches, et d'en former un ensemble historique relatif à la ville de Beaune; mais, outre que la tâche eût été rude pour moi, néophyte, de m'engager dans une route battue par Pasumot et l'abbé Gandelot, un second motif est encore venu me détourner de ma résolution première. Après avoir attentivement et à plusieurs reprises consulté les *Histoires de Beaune* par les deux hommes de talent et de conscience que je viens de citer, j'ai pu, sans peine, distinguer les obstacles incessants qu'ils ont été contraints de surmonter, et l'embarras visible qu'a dû leur causer l'agencement des faits. Il faut à l'historien des incidents continuels, des évènements puissants d'attrait, qui se rattachent sans effort les uns aux autres durant la longue traversée des siècles:

car s'il n'en est pas ainsi, si les faits intéressants ne se reproduisent qu'à de rares intervalles, et sans liaison entr'eux, la besogne de l'écrivain devient d'une âpreté amère, et la stérilité des descriptions, nécessairement formulées dans un style lâche, qui ne sait où puiser un peu de vigueur, rapetisse, décolore les évènements remarquables, au lieu de les mettre en saillie. Quelques pages nerveuses et quelques peintures attrayantes ne suffisent pas toujours à racheter le lourd remplissage d'une œuvre, et j'ai pu m'en convaincre à la lecture de nos histoires de la ville de Beaune. Je suis loin de refuser à l'abbé Gandelot des éloges bien mérités par de longues et pénibles recherches; mais l'impartialité m'impose le devoir de blâmer publiquement le décousu de son récit, le choquant défaut d'ensemble qui saillit de tous points, et la froideur presque systématique de sa diction. J'adresserai les mêmes reproches à notre compatriote Pasumot.

Peut-être ai-je tort, et devrais-je avant tout leur tenir compte de l'aridité du sujet. Rien n'est plus difficile, j'en conviens, que de réunir dans un cadre historique des faits épars, le plus souvent sans harmonie, où les teintes des différentes époques contrastent faute d'un enchaînement où la transition s'opère par degrés. Rien n'est plus difficile que d'écrire l'histoire de nos petites villes, dont l'importance momentanée s'épuise rapidement; qui grandissent aujourd'hui, et tombent demain; qui font un jour signe de vie, puis s'endorment pour des siècles. Voilà pourquoi j'ai repoussé la première idée, qui me conseillait d'entreprendre une narration suivie. J'ai préféré fouiller çà et là dans les replis de notre vieille cité bourguignonne, pour en extraire des souvenirs importants, disséminés dans la nuit des temps, à des distances plus ou moins éloignées, et que j'ai posés côte à côte de quelques peintures modernes; j'ai résumé l'histoire en fragments, peu soucieux de me traîner pesamment sur des époques sans sève et sans vie, comme autour d'un cadavre, dont la physionomie ne varie point. J'ai voulu donner à mon œuvre le caractère de son siècle : de la chaleur, du nerf à la narration, et à la fois une vigueur mâle et de la coquetterie au style. J'ai voulu produire une émotion soutenue, vive et facile, sans, pour cela, me jeter dans l'originalité des boursoufflures littéraires, ou dans les débauches de l'imagination.

Que, si, maintenant, je n'ai pas

réussi au gré de mes lecteurs, l'on veuille bien tenir compte de mes bonnes intentions, de mes constants efforts pour arriver à quelque chose de bien, et d'une plume qui n'est pas encore débarrassée des langes du noviciat.

Presque toujours j'ai affublé mes *fragments* d'une robe de dentelle, d'un dehors qui affecte des formes et des nuances délicates, de façon à présenter le moins d'âpreté possible à la lecture, pour flatter l'imagination et le regard. J'ai pris soin de colorer parfois la vérité, mais nulle part je ne l'ai dénaturée.

J'ai puisé largement dans nos bibliothèques publiques; j'ai consulté le plus grand nombre des auteurs qui ont écrit sur la Bourgogne, et j'en ai compulsé les matériaux avec soin et conscience. J'ai eu tort peut-être de ne pas annoter régulièrement chaque page de mon livre; mais j'ai cru devoir m'en dispenser, par crainte d'interrompre la narration; et de la sorte j'ai sacrifié l'utile, la base de l'œuvre à une puérile futilité d'amour-propre.

Pour *l'origine de la ville de Beaune* j'ai puisé abondamment dans les histoires de l'abbé Gandelot, de Courtépée, et j'ai cherché dans les commentaires de Jules César quelques probabilités capables de me dégager tant soit peu de l'indécision. Une brochure de Montrœil, imprimée dans les Mémoires de la ligue, et un poème épique de la facture d'un nommé Boton, ont servi de base à mon fragment sur le siége et la prise du château. Les dictionnaires d'Expilly et de Lamartinière, Guillaume Paradin, Courtépée et Gandelot m'ont fourni les renseignements sur l'Hôtel-Dieu. Une brochure de M. Joseph Bard, une notice de M. Théophile Foisset, dans le *Voyage pittoresque en Bourgogne,* un voyage en France, in-fol., sans auteur connu, publié avec illustrations en

1781, et des souvenirs de vieillards contemporains de notre première révolution, m'ont fourni les documents nécessaires à la description historique de l'église Saint-Pierre, de l'ancien Hôtel-de-Ville et de Notre-Dame. Le bénédictin Urbain Plancher, Guillaume Paradin, Froissart et le Dictionnaire de la noblesse m'ont été d'une utilité indispensable pour l'historique des seigneurs et du château de la Roche-Pot.

Je ne dois pas oublier de citer en outre l'Histoire de Mézerai, la Chronique de Monstrelet, le livre de Jehan Molinet, la circulaire qui termine les ouvrages de Pierre de Blois, l'Histoire ecclésiastique de Fleury, la Biographie universelle et la grande Encyclopédie, le Journal de Trévoux, le Mercure de France et le Journal des savants, où j'ai trouvé des sources fécondes en renseignements de toutes sortes.

Si par la narration, la forme et le but de mon livre, je ne différais essentiellement des ouvrages publiés sur Beaune, il me suffirait, pour avoir le mérite de la nouveauté, d'affirmer ici que j'ai rempli une grande lacune de l'histoire en donnant une biographie raisonnée des écrivains beaunois, que partout ailleurs on ne rencontre qu'incomplète, et en accompagnant de curieux détails l'historique des environs de Beaune, qui ailleurs se borne pour ainsi dire à la sècheresse des dates et des noms propres.

Terminerai-je cet Avant-propos comme bien des gens qui veulent attendrir la critique par des énumérations de veilles perdues, de tortures morales, et par des condoléances feintes et de mauvais goût? Non, certes: la critique, je le sais, doit s'emparer de l'œuvre, et la juger telle quelle, sans le moins du monde se préoccuper des douleurs de l'enfantement. Aussi je l'attends de pied ferme, prêt à recevoir ses conseils. N'ayant à me faire intérieurement aucun de ces reproches qui rongent l'ame, j'ai travaillé consciencieusement, abandonné à mes propres forces; j'ai fait ce que j'ai pu : donc j'ai fait mon devoir.

Pierre **JOIGNEAUX.**

ORIGINE

DE LA

VILLE DE BEAUNE.

Du moment que l'historien recule à tâtons au milieu de la nuit des temps, dans l'espoir de découvrir quelques vérités positives ou de résoudre quelques problêmes difficiles, il doit continuellement se tenir en garde contre lui-même, et donner plutôt une vérité pour une conjecture vraisemblable, qu'une conjecture pour une vérité. L'œil trompe singulièrement l'imagination lorsqu'il plonge dans les ténèbres; les objets n'offrent plus rien de positif dans leurs formes; leur caractère n'a rien de déterminé, comme tout ce qui est vague par soi-même et comporte le doute; aussi vaut-il mieux en pareille circonstance dire avec Michel Montaigne : *que sais-je ?* que d'adopter un raisonnement contraire, par esprit de pédantisme et d'outrecuidance.

Nous dirons donc qu'il est tout-à-fait impossible d'assigner à l'origine de la ville de Beaune une date précise, et nous ne devons désirer rien de plus que de déterminer l'époque de cette origine, seulement sous le point de vue approximatif, d'après des observations comparées et souvent réitérées.

Si nous jetons un coup-d'œil sur les évolutions militaires de Jules César dans les Gaules, nous le voyons tout d'abord se concilier l'affection des Eduens en prenant leur défense contre les Suèves et les Séquanais, puis cultiver cette affection par tous les moyens possibles, et, en cas de perfidie, les ramener à lui par des actes de clémence, commandés par cette politique adroite que possédait à un si haut degré le capitaine romain.

César estimait trop la prééminence des Eduens sur les autres peuples de la Gaule celtique et la position avantageuse de leur pays, pour qu'il ne cherchât point à s'y maintenir en bonne intelligence, afin de se servir au besoin des habitants et de la contrée, comme d'une puissante redoute. Entouré d'ennemis jaloux de leur indépendance, et prêts d'un jour à l'autre à secouer le joug de Rome, cette formidable reine du monde, César devait à quel prix que ce fût s'assurer d'une position et se faire des créatures : le pays des Eduens et l'importance de ce peuple méritèrent sa prédilection.

Quand, après un séjour assez prolongé dans les Gaules, le général romain se disposa à regagner l'Italie, aiguillonné qu'il était par une indomptable ambition et jaloux du crédit de Pompée, il dut prévoir que le soulèvement des Celtes suivrait de près son départ, et qu'il était urgent de conserver ses possessions conquises en fortifiant le pays des Eduens de manière à pouvoir les combattre en cas de défection, à pouvoir s'y retrancher solidement en cas de revers, et à neutraliser les tentatives hostiles des Séquanais et des Germains. En conséquence, tout porte à croire qu'en ce moment l'habile capitaine choisit pour faire camper ses troupes, les lieux où depuis ont été bâtis *Beaune* et *Dijon*; car les Eduens, protégés du côté de la Saône par Châlon et Mâcon, pouvaient être attaqués facilement par les deux points que nous venons de citer; et d'ailleurs il était indispensable de protéger par des camps les voies romaines ouvertes pour faciliter le transport des convois et la marche de l'armée. D'après ces considérations, il est raisonnable de supposer que l'emplacement où s'élève aujourd'hui Beaune était préposé à la garde de cette grande route (*via militaris*), connue de nos jours sous la dénomination de chemin ferré, et se dirigeant d'Autun à Besançon. Cette route, dont on ne conteste pas l'origine romaine, et qui passe au nord de la ville, en allant du Mont-Battois aux villages de Gigny, Varennes, etc., n'est distante de l'extrémité du faubourg St.-Nicolas que de 667 toises. Il en est de même pour Dijon, qui, à l'état de camp, devait garder aussi une ou deux voies romaines et observer les mouvements des Séquanais sur la frontière des Lingons.

D'après ces observations, on peut faire remonter la fondation de Beaune vers l'an 752 de Rome. Le camp n'étant pas destiné à être levé d'un jour à l'autre, il est certain, et telle était d'ailleurs la coutume des soldats romains, que des habitations durables furent construites et remplacèrent les tentes faites de peaux de bêtes, et conséquemment le *sub pellibus* fut converti en une bourgade fortifiée et ceinte de fossés qu'alimentaient les eaux de l'Aigue et de la Bouzaize.

Beaune, disent la plupart des historiens, fut primitivement appelé *Minervia,* et ils s'appuient du témoignage d'une pierre, découverte dans les démolitions de l'ancien château, portant ces mots :

VET. LEG. PRI. VIXIT

ANNIS XXX. MINERVIÆ CIVES.

« Cette pierre, dit l'abbé Gandelot, a deux pieds et demi de long sur quinze pouces de large ; elle est maintenant infixée dans le mur, sur la porte cochère de la cour Segaud ; on lit les mots ci-dessus, qui probablement signifient :

Vetius, *primipile de la légion,*
A vécu trente ans ;
Les citoyens de Minervie
ont érigé ce monument à sa mémoire. »

Comme nous n'avons aucune raison valable pour combattre cette hypothèse, qui d'ailleurs vient d'un écrivain consciencieux et ne manque pas de vraisemblance, nous ne refuserons pas à nos ancêtres le nom de citoyens de *Minervie*.

Maintenant il s'agit de rechercher l'étymologie de la dénomination *Belno-Castrum* qui a été substituée à *Minervia*, et dont on a fait *Belna*, puis Beaune.

Ici, trois opinions essentiellement différentes prétendent à la vérité : les uns font dériver *Belna* de *Belenus*, divinité païenne, adorée sous Aurélien, et représentant le soleil; d'autres affirment que *Bel* est un mot celtique qui signifie *sur l'eau*, ou *à la tête de l'eau*; d'aucuns, enfin, supposent que *Belna* dérive de *Bellona*, *Bellone*. L'abbé Gandelot partage la première opinion; Courtépée rapporte la seconde; M. Joseph Bard et Pasumot, si nous avons bonne souvenance, partagent la dernière. N'ayant pas la moindre prétention d'imposer en pareil cas notre jugement au public, nous laisserons à plus capable que nous le soin de décider de quelle part est la vérité.

Pour justifier les opinions émises sur les dénominations successives de *Minervia, Belena* et *Bellona,* il était naturel que l'on se mît à la recherche de Minerve, de Belenus et de Bellone. — « La figure de Minerve, dit l'abbé Gandelot, a été découverte à Beaune, le 26 octobre 1770, dans les souterrains d'une tour bâtie sous l'empire d'Aurélien; elle est infixée dans un mur qui soutient la voûte inférieure de cette tour, bâtie en blocage. La pierre dans l'épaisseur de laquelle est prise la figure en bas-relief, dans une niche et au milieu d'une espèce de retable, a trois pieds deux pouces de largeur sur dix-neuf pouces et demi de hauteur; il n'en reste que la tête et le corps, qui sont très bien conservés; les cuisses et les jambes n'y sont plus, la pierre ayant été coupée dans sa longueur. Cette pierre est posée sur le buste renversé de Belenus. » — Et voilà maintenant que Pasumot prend pour une Bellone ce que Gandelot prend pour une Minerve; puis vient M. Joseph Bard, à son tour, qui en fait une Vénus sortant du bain, après avoir observé, judicieusement du reste, la position et pour ainsi dire la *désinvolture* de la statue. A cela nous répondrons : — Si dans deux mille ans un artiste archéologue observait quelques-unes de nos statues détériorées par l'âge, il pourrait fort bien se faire que dans les dénominations il commît plus d'une bévue. Or, la même hypothèse est admissible de notre temps.

Il nous reste maintenant à déterminer la forme primitive de Beaune : cela est facile, car il est à peu près certain qu'elle ne devait en rien différer de celle des autres camps romains, dont Polybe donne une description assez étendue ; et il suffit de consulter cet historien, pour savoir qu'alors les camps étaient carrés et entourés d'un retranchement formé d'un fossé et d'un parapet dont la terre était soutenue par des pieux ou palissades que les soldats portaient avec eux dans les marches ; nous savons en outre que les camps étaient divisés par deux rues en croix, aboutissant aux quatre portes, appelées Prétorienne, Décumane, droite et gauche. La Décumane étant la plus éloignée de la tête de l'armée ennemie, il est à présumer qu'elle donnait du côté de la montagne de l'Aigue, tandis que la Prétorienne, ou la plus près de l'ennemi, devait regarder la grande plaine qui s'étend sur la rive droite de la Saône.

Beaune Moderne.

RUINES ET SOUVENIRS HISTORIQUES.

Bien qu'en vieillissant, Beaune soit devenue coquette et se soit embellie de constructions modernes et de promenades délicieuses, il n'en est pas moins vrai que, fière de ses souvenirs, elle a religieusement conservé sa ceinture de murailles noircies, ses vieux bastions arrondis, ses tours crénelées et moussues. Quelque chose d'imposant et de gracieux à la fois inspire à l'observateur des pensées profondément mélancoliques et pleines de charmes; en même temps que l'imagination devient rêveuse en face de ces forteresses sombres où croît l'herbe des champs, et où le violier balance légèrement ses corolles dorées, elle se réveille et se délasse à l'aspect de cette double rangée de platanes et de tilleuls qui s'élèvent des parapets, de ce cordon vert d'érables et de marronniers qui épanchent leur ombre sur la chaussée des fossés d'enceinte. Ici, le souvenir de la Ligue et des Barricades vous préoccupe puissamment et vous affaisse; là, le calme d'une ville ouverte qui s'égaie sans bruit ni fracas, épanouit et rassérène votre front. Les flancs pour ainsi dire appuyés avec indolence sur un revers de colline, et d'autre part étendue vers la plaine, la ville de Beaune, par sa position, offre à l'esprit ce contraste gracieux, ces diversions douces et ravissantes auxquelles il se complaît tant. Quand, ici, l'homme est las d'embrasser du regard une plaine immense aux limites lointaines et indécises, il peut observer un horizon moins éloigné de lui, des montagnes rocailleuses, vertes et aux cimes boisées, ou les reflets d'un soleil qui baisse en projetant des flots de pourpre sur la marne fraîchement remuée.

Cette description pittoresque et toute superficielle de Beaune ne nous suffit point; il faut au lecteur plus qu'une peinture d'ensemble, et sa curiosité a besoin de descriptions larges, détaillées, comparatives; elle recherche avidement les souvenirs historiques, et pour la satisfaire, nous devons exhumer des ruines ce qu'elles rappellent de scènes remarquables, animées, et poser le Beaune moderne face à face du Beaune de nos aïeux.

Parlons d'abord du château :

Il y a de cela huit années à peine, on voyait encore entre deux bastions une petite porte lourde, écrasée, comme le sont toutes celles de nos forteresses. A l'extérieur on remarquait, de chaque côté d'un écusson royal, gratté par le temps, les deux embrâsures jadis destinées aux leviers d'un pont-levis. Mais tout a disparu sous le marteau des démolisseurs de la Restauration. C'était par cette porte que communiquait avec le dehors la garnison de ce château formidable, commencé par le sieur de St.-Pierre, sous le règne de Louis XI, et terminé sous Louis XII. Des quatre bastions dont cette forteresse était composée, il n'en reste que deux, et au lieu des arquebusiers de Mayenne, que voyons-nous aujourd'hui sur leurs faîtes? de charmantes touffes de lilas et de cytise, et de part et d'autre une simple maisonnette. Là où Mayenne rêvait l'héritage de ce misérable Henri III, complice des assassins du duc de Guise, on ne rencontre plus que de paisibles bourgeois assis à l'ombre pendant les chaleurs de l'été.

En l'année mil cinq cent quatre-vingt-cinq, au moment où le chef des Ligueurs commençait à soulever la Bourgogne, le château de Beaune était occupé par le capitaine de St.-Riran, gentilhomme d'honneur, de la maison de Damas, qui ne se retira qu'après le traité d'Epernay, par lequel ce château fut cédé à la Ligue. C'est alors que le duc de Mayenne en confia la garde à un sien maître d'hôtel, nommé Montmoyen. — Vous connaissez bien peu cet homme, Beaunois, lorsque pour le corrompre vous lui faites remettre de l'argent à pleines mains. Il recevra tous vos présents, se montrera facile et de bonne volonté; il poussera même la complaisance jusqu'à faire ses Pâques avec vous, en signe de confiance et d'estime; mais ensuite il vous fera garrotter, jeter en prison comme des criminels; il vous torturera d'une atroce façon, et finira par vendre vos corps à la liberté, tant par tête.

Il y a deux cent quarante-trois ans, Mayenne arrive à Beaune; il fait visiter la ville et le château par ses ingénieurs Camille et Carle, se dispose sérieusement à la défense, fait abattre tous les faubourgs, hors une partie de celui de Saint-Martin, fait élever des bastions du côté de la Madeleine, et retourne ensuite à Dijon, escorté de chariots de bons vins pour le mariage de sa belle-fille avec le vicomte de Tavannes.

Que feront les Beaunois tandis que leur maître organisera la ripaille à sept lieues de leur cité? Le maire, les échevins et les notables se réuniront clandestinement et concerteront la révolte; ils feront habilement la confidence de leur projet au maréchal de Biron. Vous aurez beau, Ligueurs, leur faire subir tracasserie sur tracasserie, ils sont fermement résolus. La conjuration éclatera le cinq février, et à deux heures de l'après-midi, l'*orologeur* du beffroi de la *grosse horloge* sonnera le tocsin du massacre, et le canon grondera sur les remparts.

En effet, à l'heure et au jour indiqués, la lourde cloche s'ébranle, des barricades s'élèvent dans les rues à la hauteur du premier étage qui surplombe, à chaque mâsure de bois. Des cris atroces s'élèvent dans la rue Dijonnaise (Grand'rue), baissent par moment, puis s'élèvent de nouveau, jusqu'à ce qu'une quarantaine de Ligueurs égarés, assaillis par le peuple, jonchent la terre de leurs cadavres sanglants. Un détachement de la garnison du château s'avance et escarmouche dans la rue des Tonneliers. Mais ce ne sont pas seulement des hommes qui vont leur disputer le terrain : des femmes aux chevelures volantes, au visage pâle, aux yeux pleurant de rage, descendent armées de piques dans la rue; de robustes artisans aux souquenilles trouées, aux lèvres noires de poudre les accompagnent l'arquebuse à la main; puis viennent les vieillards, les enfants, qui dans la mêlée offrent courageusement leurs bras débiles. Le tumulte est épouvantable : des clameurs sourdes, aiguës, confuses, parcourent la foule; les Ligueurs battent en retraite vers la rue des Buissons; le courage du populaire redouble; la joie frénétique du succès les emporte au milieu des débris de barricades qui se rompent pour leur livrer passage. Malheur à vous, soldats de la Ligue! vous ne tiendrez pas long-temps dans vos nouveaux retranchements : le tocsin ne cesse pas, entendez-vous! La foule des combattants se grossit, l'acharnement redouble à la vue de la résistance; vous marchez sur des chairs humaines toutes pantelantes : fuyez vite dans la rue Belle-Croix, où vous serez protégés par les arquebuses du château !

Tandis que sur ce point le combat cesse un moment, le maire Belin et les échevins de la ville ont ordonné de briser les verroux des portes, et un coup de canon part de dessus les remparts. Dans une demi-heure le maréchal de Biron sera dans les murs de la ville; les Ligueurs de la rue Belle-Croix se rendront à composition, et remettront entre les mains de leur adversaire un drapeau ployé en signe de victoire; puis le lendemain six février, le Dimanche des Rameaux, le capitaine Montmoyen, attaqué du côté du faubourg Madeleine, rendra la forteresse, et obtiendra de sortir de la ville avec armes et bagages, enseignes ployées, mèche éteinte et tambours non-battant.

Pendant ce temps, que faisait donc, dans la citadelle de Châlon-sur-Saône, ce fameux duc de Mayenne, qui avait dit un jour que « qui lui osteroit la ville de Beaune, seroit autant que qui lui arracheroit le cœur du ventre. » Alors, était-il donc ivre, mort ou endormi ?

Nous ne terminerons point ce récit du siège sans y joindre des fragments de poésie inspirés à un barde de l'époque par la révolte du 5 février 1595, et en l'honneur des bourgeois et manants de la bonne ville de Beaune :

La soudaine terreur, leur ministre des armes,
De timides bourgeois fait de vaillants gendarmes;
Aux uns dedans la main en mettant le poignard,
Aux autres l'hallebarde et la picque et le dard;
Les uns dessus le dos chargent le banderole
Qui porte le mousquet, l'harquebuz, la pistole,
Qui commande à ceux-cy, et qui les carrefours
Promptement barricade et les flancque de tours.

Plus loin ce même poëte ajoute dans un sens métaphorique, singulièrement pastoral, et dont le sérieux équivaut pour nous à la facétie la plus bouffonne :

Bref, ce peuple est semblable aux essaims des abeilles
Qui moissonnent aux champs plusieurs gerbes ver-
[meilles,
Dont elles vont chargeant leurs aislerons dorez
Pour embasmer les trous de leurs toits encirez :
Pas une ne repose, et dedans leurs ruchettes
Des parterres d'Hymette emportent leurs fleurettes.

Quelques années après le siège, lors de la défection du maréchal de Biron, le château de la ville de Beaune fut démoli par les ordres de Henri IV, et ne s'est plus relevé.

Quittons ces ruines, lecteur : d'autres souvenirs nous attendent à quelques cents pas de là.

Après s'être longuement extasié sous l'influence de ces ineffables impressions que produisent le sublime d'une œuvre, le grandiose de l'art, après avoir parcouru, d'un œil délicieusement fasciné, les physionomies, l'ensemble et le mouvement d'un tableau; après avoir éprouvé des sensations intraduisibles à la lecture d'une poésie puissante, voluptueuse ou sévère; après avoir senti vos fibres se convulsionner en face de conceptions gigantesques comme un monde, vous désirez vivement connaître l'histoire des hommes de génie qui en réclament la paternité : leurs destinées, leurs souffrances ou leurs joies, tout en eux vous intéresse et vous émeut ; vous cherchez à grandir les petites choses à eux relatives, et à lier ces hommes au souvenir de leurs œuvres, comme le despotisme un faix de misères à la vie de l'esclave.

C'est ainsi qu'après avoir observé l'Hôtel-Dieu de Beaune, avec ses formes si religieusement gothiques, sa flèche si coquettement élancée, ses galeries de bois noirci, et ses fenêtres à girouettes découpées sans prétention sur la pente des toits, on se demande : Qui a conçu cette œuvre ? Nicolas Rollin, vous répond-on. Ici le fondateur a tout accaparé : la gloire de l'homme qui a fourni les plans d'exécution, et la gloire de l'homme qui a fourni les moyens d'exécuter. Le boursier a détrôné l'artiste.

Quel était ce Nicolas Rollin ? Un grand et noble seigneur, chancelier de Bourgogne, portant robe de velours noir, fourrée de martre, chaperon en tête, houseaux avec éperons d'or, et l'épée ceinte au côté; lequel, dit naïvement le vieux chroniqueur Monstrelet, « fit si bien ses affaires, qu'il avait acquis 40,000 livres de rente et plusieurs seigneuries, fit ses fils riches et grands seigneurs, et ses filles maria moult noblement. » Toutefois, nous devons constater que les moyens de fortune mis en œuvre par Nicolas Rollin, et qui eussent été goûtés parfaitement quatre siècles plus tard au sein de nos impudiques hommes d'Etat, lui valurent de son temps cette rude apostrophe du duc, son maître : « C'en est trop, Rollin ! » et le mépris d'un honnête homme qui ne craignit pas de déclarer en plein parlement, à Rouen, et devant Charles IX, « qu'il aimerait mieux la pauvreté du président de la Vaquerie que les richesses du chancelier. »

Il est vraisemblable de croire que Rollin, tourmenté par les remords que donnent parfois les richesses mal acquises, voulut signaler son retour au bien par la création d'un hôpital. Mais, que cela soit ou non, son œuvre n'en est pas moins grande et méritoire : seulement il ne faut pas se confondre en éloges pompeux et traduire trop emphatiquement la piété de ce grand seigneur ; car nous serions en droit d'y répondre par cette vérité sarcastique de Louis XI à qui lui vantait immodérément la générosité du chancelier : « Il était bien raisonnable qu'ayant fait tant de pauvres en sa vie, il fît, avant que de mourir, une maison pour les loger. »

A part la longue façade écrasée, que l'impitoyable badigeon du siècle n'a pas plus épargnée que cette grossière distraction de Philibert Delorme que l'on nomme *Palais des Tuileries*, l'Hôtel-Dieu offre un ensemble harmonieux : sa vieille cour où germe l'herbe, la teinte sombre de ses flancs et leur simplicité religieuse, la pureté de son style enfin, sont dignes d'un édifice que rend plus imposant encore la souffrance du pauvre.

Voyez cette grande salle des femmes malades, qui s'ouvre sous le porche de l'hôpital et se termine à la sainte chapelle ! c'est là que s'élevait autrefois la demeure des comtes de Vienne, dont les armes étaient de gueules, à l'aigle d'or armée d'azur. C'est là peut-être aussi que faillit expirer, vers la fin du carême de 1664, une étrange jeune fille, dont le nom sera long-temps célèbre dans la petite ville de Nolay. Secouée par le hoquet et d'épouvantables convulsions, les médecins eurent mille peines à la sauver; mais pour cette fois la vie prend le dessus et vient nous offrir le contraste le plus saillant et le plus bizarre qu'ait produit un cerveau de femme. Sortie convalescente de l'Hôtel-Dieu, elle va rejoindre son père à Vauxchignon, près Nolay; puis elle s'ensevelit, non loin de là, dans une grotte de la *Tournée*, passe le temps en silencieuses prières, ne reçoit de visites que celles d'un vieux prêtre qui lui apporte complaisamment l'hostie, chaque semaine, dans cette retraite demi-ténébreuse; et par tant d'austérités, cause un inconcevable ébahissement chez les superstitieux habitants des campagnes; puis enfin, à l'âge de vingt-quatre ans, les convulsions la saisissent de nouveau, et la malheureuse enfant, de *sainte* qu'elle était la veille, se donne le lendemain pour possédée.

Elle se nommait Jeanne Boisson, ou la *Sainte de Nolay.*

Soixante-quatre ans avant l'entrée de Jeanne Boisson à l'Hôtel-Dieu, une contestation des plus sérieuses s'éleva dans cet établissement : il s'agissait d'en expulser le ministre calviniste Urbain Blevet, qui avait fait dans les salles des prières et exhortations publiques, conformes à ses croyances, et cela pour imiter le catholicisme, qui par tous les moyens était parvenu à lui faire déplorer l'apostasie d'un malade de la religion réformée. Urbain Blevet s'opiniâtra, et il fallut, pour le chasser de l'Hôtel-Dieu, avoir recours à l'autorité de justice. Ce jour-là il y eut grande rumeur par toute la ville, et les haines de religion s'envenimèrent à ce point que l'on craignit un moment le retour des scènes de 1567, époque de la grande conspiration calviniste, ourdie dans le faubourg Bretonnière.

Si nous en croyons Lamartinière, il existait autrefois à l'Hôtel-Dieu de Beaune une singulière coutume. Lorsqu'une religieuse faisait ses premiers vœux, on exigeait qu'elle fît présent à la maison de douze douzaines de dindons, d'autant de poulets, d'autant de pigeons, d'autant de perdrix et d'autant de lièvres; en tout sept cent vingt pièces, tant gibier que volailles de basse-cour, lesquelles représenteraient aujourd'hui une somme de douze cents francs. Il est probable que l'hôpital ne consommait pas à lui seul tous ces vivres, et pour l'affirmer nous aurions grandement besoin du témoignage de ces notables amis qui, de fois à autres, menaient joyeuse vie à la table de M. Clermont-Tonnerre, le patron de l'Hôtel-Dieu au dix-huitième siècle; mais ce témoignage nous manque.

Parlerons-nous des constructions modernes annexées au gothique hôpital? Non, certes, car c'est de la maçonnerie pure, quelque chose de relativement mesquin, d'empâté, de lourd, de matérialisé comme un siècle où le mauvais goût du métier a détrôné la poésie de l'art, comme un siècle où l'on met en lessive les vieilles robes noires de nos monuments, pour les reteindre ensuite à tant l'aune. Le principal mérite de ces constructions, fort solides du reste, est selon nous de s'être cachées dans la profondeur des seconde et troisième cours, pour y servir de buanderie, de boucherie et de salle des morts.

Une observation que l'on n'a pas encore faite (que du moins nous sachions), et qui suffirait à nous ranger sous la bannière des fatalistes, mérite d'être relatée ; nous voulons parler des visites royales dont s'honore l'Hôtel-Dieu. Que voyons-nous d'abord ? Louis XI, le tyran-modèle, le pourvoyeur des gibets et des cages de fer ; puis Charles IX, la machine infernale de l'intolérance religieuse, l'arquebusier de la St.-Barthélemy ; puis enfin, le débauché Louis XIV, sur la mémoire duquel s'étendent, comme trois larges taches noires, l'entrée au parlement en habit de chasse et le fouet à la main, les dragonnades, et la révocation de l'édit de Nantes. Voilà quelles sont les têtes couronnées qui ont successivement visité l'établissement de messire Nicolas Rollin !

Quittons l'Hôtel-Dieu, franchissons les halles et tournons brusquement à droite. Sur cette grande place qui vous apparaît encerclée de hautes bornes de pierre grise et de jeunes arbres verts, symétriquement sillonnée de distance en distance de quelques rangées de pavés, où chaque semaine nous avons vu jusqu'à ce jour l'habitant des campagnes exposer les produits de l'industrie agricole; sur cette place, où le saltimbanque, le paillasse, le jongleur, le charlatan et le mime, ces conséquences animées de notre belle civilisation, viennent de fois à autres, au son des cymbales et d'une peau de tambour, déployer la force du jarret, la souplesse des reins, le jeu burlesque de la physionomie, ou abuser de la parole et de la crédulité publique, s'élevait encore au commencement de notre siècle la vieille église St.-Pierre, achevée en 1098. C'était une construction bizarre, peu gracieuse, sans harmonie, que ce monument noirci, avec sa lourde aiguille saxonne, son gothique portail incomplet, et ses piliers chargés de figures antiques, de faux-dieux, de sacrifices humains et d'inscriptions romaines; on eût dit une page immense sur laquelle plusieurs écrivains auraient promené leur style, tant le désordre régnait dans les lignes, tant la confusion était maladroite et choquante. Par-derrière, une petite croix de fer dominait le faîte; une espèce d'auvent débordait le portail, et de mauvaises échoppes où s'étalaient la friperie et les petits métiers, masquaient les piliers à une certaine hauteur. L'entrée principale de l'église donnait dans la direction de l'hôpital, la seconde sur un parvis en face de la rue St.-Pierre, et la troisième, d'une importance à peu près nulle sous le point de vue artistique [et utilitaire, était ouverte dans une direction pour ainsi dire perpendiculaire à la rue Poterne.

Voilà ce qu'était l'église St.-Pierre, lorsque vint un jour, à la suite de la bourrasque révolutionnaire, où les voisins du saint lieu se plaignirent de ne pas respirer à l'aise, de ne pas jouir librement de leur part de soleil, et où les habitants de la ville éprouvèrent le besoin d'avoir une large place, de façon à se remuer et à s'ébattre sans froissement ni gêne. Alors St.-Pierre est tombé, comme un vieillard sur qui pèserait un fardeau de huit siècles; les longues et basses échoppes, ces palais de qui n'a rien, se sont anéanties sous les décombres; les ossements blanchis des fondateurs de chapelles, cadenacés dans les ténébreux caveaux au milieu des tissus poudreux de l'araignée aux pattes velues, se sont rompus au choc des voûtes ébranlées; les planches ont craqué de toutes parts, l'ogive s'est effacée sous le marteau, le faîte et le corps des piliers se sont lourdement détachés et ont rebondi sur la dalle brisée, les grilles de fer se sont déracinées de la muraille, les vitraux se sont éparpillés sur les ruines, puis tout a été vendu sur place, hors les os de morts, dont on a retrouvé quelques débris en élevant une pyramide en l'honneur du comte d'Artois, lors de sa rentrée en France après la chute glorieuse du géant des batailles.

Que si maintenant vous êtes désireux de savoir comment se pratiquait la religion dans cette église, il nous suffira de citer textuellement quelques observations de l'abbé Gandelot, qui sont loin d'être légères à la conscience des desservants. —« Comme les prêtres mépartistes, dit-il, ou habitués en l'église St.-Pierre, n'ont pas un revenu suffisant et qui puisse les attacher à l'église, il serait à souhaiter que l'on unît à leurs places une partie des chapelles fondées en cette église, conformément aux lois ecclésiastiques et civiles ; les intentions des fondateurs (dont les cendres reposent en cette église) seraient plus fidèlement exécutées, les services par eux fondés mieux acquittés, l'office divin s'y ferait avec toute la décence qui convient ; des étrangers, qui ne rendent aucun service à cette église, n'en auraient pas les revenus, et les paroissiens y trouveraient abondamment les secours spirituels. »

Nous parlerons plus tard du couvent des Cordeliers et de son cimetière, qui occupaient une partie de l'emplacement compris entre la place St.-Pierre, l'hôpital et le rempart, et nous nous dirigerons rapidement vers la collégiale de Notre-Dame, vieux monument bâtard, aux formes tantôt byzantines et tantôt gothiques, avec son dôme allongé et ses tours avortées. Son porche aux piliers élancés serait presque un chef-d'œuvre du quatorzième siècle, si le faix écrasant de sa toiture ne venait détruire les charmes d'ensemble et l'harmonie des lignes. L'intérieur, où de fois à autres vient se briser en reflets coquettement nuancés la lumière colorée par le barbouillage des vitraux, offre un aspect assez généralement nu, qui met trop en saillie la lourdeur du style architectural, mais que cependant nous préférons à cet enjolivement de peintures si peu évangéliques, à ces piliers luisants de vernis, à cette aristocratique profusion de dorures qui font que Notre-Dame-de-Lorette, de Paris, ressemble plutôt à un bazar d'orient, à une clinquante exposition d'objets d'art, qu'à un lieu de prières. Les marteaux révolutionnaires qui ont démoli de fond en comble l'église St.-Pierre, l'église St.-Martin et l'église Madeleine, n'ont commis que peu de dégât dans la basilique. L'imagerie du grand portail, un Dieu, un agneau, une vierge, cinq cordons de statuettes occupant les voussures des trois portes principales, les douze signes du zodiaque, bon nombre d'allégories, et une croix de cuivre doré ont disparu, il est vrai; mais pour cela faut-il donc crier si fort aux iconoclastes? Il est malheureux, sans doute, que dans notre première révolution on ait maintes fois assouvi sa vengeance sur des objets d'art, sur l'innocente et inerte matière; mais à qui la faute, si ce n'est au clergé, qui en partageant avec la monarchie absolue les dépouilles du serf, qui en se faisant le suppôt des lâches exactions de palais, a dû nécessairement subir les mêmes affronts que ses amis? En brisant les ornements de Notre-Dame, le peuple croyait se venger sur la prêtrise, comme en grattant les fleurs-de-lys il croyait se venger sur une monarchie longuement infâme. En partant de cette vérité, les ruines de Notre-Dame n'en sont pas moins regrettables; mais aussi l'action des démolisseurs se trouve à certains égards justifiable.

L'église Notre-Dame fut commencée, vers la fin du dixième siècle, par Henri, duc de Bourgogne, et ne fut achevée, par la duchesse Mathilde, qu'à la fin du siècle suivant.

Le portail date de 1332.

A quelques pas de Notre-Dame, de nouveaux souvenirs nous attendent. Sur cette petite place irrégulièrement triangulaire, où chaque matin nos villageoises endimanchées, proprettes, apportent au citadin leur laitage et leurs œufs de la veille, nos pères ont vu, il y a cinquante ans environ, s'élever les noires murailles de la Maison-de-Ville, bâtie sous le règne de Louis XII. Ouverte à l'orient, légèrement arrondie du côté du faubourg St.-Martin, flanquée de deux tourelles en nid d'aronde et haute seulement d'un étage, la Maison-de-Ville n'avait de bien remarquable que son caractère antique.

Des échelles en tout temps dressées contre la façade servaient non-seulement en cas d'incendie, mais encore à nos bons indigènes montagnards, qui, pour s'occuper sans distraction du commerce de leurs fagots, liaient d'habitude aux échelons la longe de leurs ânes. A travers les sombres fenêtres du premier étage, étroitement masquées de barreaux de fer, de fois à autres on apercevait sortir un sac de toile grise, attaché par une longue ficelle à un morceau de bois, et à mesure que l'aumône des passants tombait dans cette escarcelle grossière du prisonnier, on la voyait s'exhausser comme d'elle-même, puis redescendre après qu'une longue main amaigrie en avait retiré le contenu. Le rez-de-chaussée de cette maison composait l'Hôtel-de-Ville; au-dessus était la bastille des petits voleurs : c'était sans doute pour le bon exemple, comme disent aujourd'hui, au dix-neuvième siècle, les partisans de la peine de mort, que nos ancêtres exposaient aux regards du public les malheureuses victimes d'une société de sauvages qui ne savent ni vouloir ni atteindre le bonheur.

La place d'Armes a vu balayer sa Maison-de-Ville; mais il lui reste son beffroi, sa tour de l'*orologe,* avec sa flèche ornée de la couronne ducale, avec ses trois cloches, dont le gros timbre nous fut envoyé de Dinant en 1466 selon les uns, et fut tout bonnement fondu selon les autres par Colas de Dinant, *canonier, artilleur* et *fondeur du ducq*. Ce gros timbre porte en relief et en caractères gothiques l'inscription suivante :

> L'an mil quatre cent et puis sept *
> Au mois de juin avant juillet *
> Je fus faite douce et courtoise
> Qui quatre mille et cinq cents poise *
> Sy a certes puisse estre faite *
> Que pas si tost ne soye reffaite.

La Révolution ne s'est pas bornée à nous délivrer de la justice seigneuriale, mais encore, dans une de ses visites à Beaune, elle nous a ravi un type excessivement précieux; nous voulons parler de cet homme préposé à la surveillance des rouages de l'horloge, que sur la fin du seizième siècle on nommait gouverneur de *l'horloige*, et plus tard *orologeur, pour conduire l'orologe de Beaulne* et *travailler aux ouvraiges de ville*, dont le gage annuel s'élevait ordinairement à cinq livres, non compris son logement gratis dans la grosse tour du beffroi. Nul n'a recueilli cet héritage des Pierre Cocquiller, des Jehan Poncelet, des Beucher et des Phelisot; on ne rencontre plus ce type du *bon* vieux temps, attaché au maniement de la grosse horloge, comme le Quasimodo de Victor Hugo au bourdon de Notre-Dame de Paris. Le locataire qui occupe le logement du vieux horloger ne peut être qu'un enfant gâté du siècle, fort peu soucieux des souvenirs au milieu desquels il végète; ce n'est plus cet homme à qui les conspirateurs Beaunois s'adressaient avec confiance dans la matinée du cinq février 1595, et qui ne manqua pas de monter, à deux heures de l'après-midi, le sombre escalier de la tour, pour sonner le tocsin de vengeance contre les Ligueurs de Mayenne. Les générations se suivent, mais ne se ressemblent pas.

Une chose des plus remarquables du beffroi, et que nous ne devons pas omettre de mentionner ici, c'est le globe de cuivre moitié noir et moitié doré, qui marque les phases de la lune, et sert dans cette circonstance d'almanach public, que chacun peut consulter quand bon lui semble, et s'il s'inquiète tant soit peu des révolutions de cet astre argenté, mélancolique, à qui Charles Fourrier a déclaré une guerre à mort comme à une bête fauve, comme à une bête de malheur qui jette la désolation dans le monde, et mérite d'être réprouvée, traquée sans relâche, jusqu'à ce qu'elle soit pour toujours anéantie.

Dans notre vieille cité, il n'y a peut-être pas un coin de terre qui ne tienne secrètement enseveli quelque souvenir, et l'observateur fatigué, haletant, ne sait en vérité où prendre un peu de repos. A peine avons-nous foulé la place où s'élevait l'Hôtel-de-Ville et jeté un rapide coup-d'œil sur la tour carrée du beffroi, que de nouvelles scènes historiques renaissent de l'oubli dans lequel elles étaient plongées, prennent place dans nos souvenances et mendient leur résurrection. Voici venir à son tour la rue des Tonneliers, qui tout d'abord nous rappelle la vigoureuse défense d'un seigneur de Serrigny, qui faillit un jour occire tous les gens lâchés contre lui, par suite d'un arrêt de prise de corps, pour affaire de procession. Assailli entre la Maison-de-Ville et la rue des Tonneliers, il joua si habilement de l'épée, qu'il fallut renoncer à se saisir de sa personne, sauf recours à une nouvelle sentence, qui n'eut pas de suites fâcheuses pour ledit seigneur.

Bien antérieurement à cette aventure, vers la fin du douzième siècle, lorsque les rues étaient bordées de mâsures de bois, dans ces temps de famine où l'on faisait commerce de chair humaine dans la province, une bande de Cottereaux vint s'établir dans la rue des Tonneliers, qui long-temps conserva leur nom. Ces Cottereaux, ramassés parmi toutes les nations, se faisaient tantôt pillards à la solde des seigneurs, et tantôt professaient nous ne savons quels dogmes à eux enseignés par deux vieilles femmes qu'ils nommaient Sainte-Église et Sainte-Marie. Les Beaunois eurent le bon esprit de ne pas agir envers ces pauvres diables comme les habitants de Vézelai en Bourgogne, qui les soumirent successivement à l'épreuve de l'eau et du feu; mais, voyant que de jour en jour le nombre de leurs sectaires grossissait dans la ville, le clergé provoqua le soulèvement du populaire, et des hommes armés de piques et de bâtons ferrés se chargèrent gratuitement d'expulser de la rue des Tonneliers les nombreuses familles d'hérétiques qui la peuplaient. La protestation était rude; toutefois, on ne dit pas qu'il y ait eu une goutte de sang de versée.

La construction des barricades et les escarmouches que nous avons relatées dans la description du siège contre les Ligueurs, sont autant de souvenirs qui suffisent à répandre quelque intérêt sur la rue des Tonneliers, aujourd'hui si paisible et si déserte, qu'en 1831 nous avons vu croître entre les pavés, et en dépit de la régie, un certain nombre de pieds de *tabac,* qui partout ailleurs qu'en un lieu public eussent indubitablement constitué une contravention et fait mettre leur propriétaire à l'amende.

Nous ne quitterons pas la rue des Tonneliers sans parler d'un couvent de religieuses, rayé de la liste des vivants quelque vingt années avant la révolution de 1789. Au dix-septième siècle, un magistrat Beaunois, nommé Nicolas Boursault, par suite de l'affliction que lui avait causée la mort de sa femme, prit le parti, avant d'aller s'ensevelir chez les Jésuites de Dijon, de fonder dans la rue des Tonneliers une maison pour les Jacobines. Malheureusement pour ces religieuses de saint Dominique, une bévue de notaire les priva de la moitié de la donation faite par le fondateur du monastère, et la terre de Varennes, qui se trouvait comprise dans cette donation, passa à des héritiers collatéraux, de façon que les Jacobines se virent réduites à des ressources très minimes; et, avant la chute de leur maison, il leur avait été interdit de recevoir des novices.

Puisque nous avons entamé le chapitre des couvents et monastères qui, Dieu merci, ne faisaient pas défaut dans notre petite ville, il est juste de le poursuivre et de passer en revue les différents ordres.

En première ligne nous placerons les Jacobins, qui n'élevèrent pas sans difficultés la maison que l'on aperçoit encore sur la place Morimont et presqu'en face de la salle des Spectacles. Ce monastère n'offre rien de remarquable sous le point de vue artistique, et nous l'avons vu servir de chantier pour la construction des charpentes. Les Jacobins s'y installèrent sur la fin du quinzième siècle, malgré les protestations du clergé, fondées, nous devons le dire, sur de simples intérêts matériels et appuyées de la jalousie de certains ordres religieux qui ne voyaient pas sans peine ces Dominicains chargés des œuvres et profits de l'inquisition. Ce fut de l'ordre des Jacobins que sortit le trop célèbre cardinal

Torquemada, qui en quatorze ans fit le procès à environ quatre-vingt mille Espagnols et en fit brûler six mille; or, on conçoit facilement que l'office de ce rôtisseur d'hommes étant très lucratif, il dut avoir une foule d'envieux. Les Jacobins, en outre, accaparaient les bénéfices des confessions et enterrements; et cette concurrence, organisée au détriment de l'Eglise, leur suscita beaucoup de tracasseries, bien qu'ils eussent une permission spéciale de Louis XI. Ces moines ou *cochons des Dieux,* comme dit Erasme dans son Eloge de la Folie, s'évanouirent devant la justice révolutionnaire.

Les Cordeliers, dont nous avons précédemment indiqué le monastère, s'établirent à Beaune au commencement du treizième siècle, et habitèrent successivement une petite maison près la porte Bellevent (murée), puis la rue du Bourgneuf (Grand'Rue), puis enfin ce même quartier de la porte Bellevent. Il paraît que ces bons Frères mendiants, en capuchons et en robes de gros drap gris, ceints d'une corde à triple nœud, oublièrent complètement la règle de St. François d'Assise et leur vœu de pauvreté; car, une cinquantaine d'années après leur établissement à Beaune, ils firent argent de tout, et leur commerce spirituel devint d'un excellent rapport : chose très compréhensible, du reste, si l'on veut bien observer que, dans de semblables transactions, celui qui vend a tout à gagner et rien à perdre. Nos Cordeliers assistaient avec une complaisance stoïquement infatigable les riches prêts à trépasser, se mettaient en bonne intelligence avec ces moribonds, éloignaient la famille ou les amis, sous prétexte de confession, et ne se retiraient d'habitude qu'après avoir vendu, argent comptant ou en échange d'une gratification testamentaire, un passe-port en règle pour le paradis et un coin de terre dans leur cimetière particulier. Or, comme bien vous pensez, le clergé séculier ne pouvait voir de bon œil une pareille conduite. Il se plaignit donc amèrement et obtint une demi-satisfaction, jusqu'à ce que les conciles de Vienne et de Bâle vinssent mettre un terme à ces abus irréligieux et à ces contestations par trop scandaleuses. Comme les moines, peu nous importent leurs règles et leurs couleurs, nous semblent pour la plupart des cohortes de fainéants, singulièrement à charge à la société, on peut s'attendre à ce que notre réprobation les accueille presque constamment; et nous ne leur pardonnons point d'avoir sucé, pendant des siècles, la nourriture du pauvre peuple, bien que dans la nuit du cloître aient parfois brillé, comme de rares étoiles, quelques-uns de ces hommes de génie que la postérité comprend et couvre de son aile protectrice. Si l'ordre des Cordeliers a compté dans ses rangs le célèbre Roger Bacon, s'il a enfanté ce grand philosophe alchimiste que dans sa vieillesse on a vu gémir dans les cachots d'Oxford, il n'est pas moins vrai que, parmi ces moines, le nombre des utiles et des bons ne compense pas celui des inutiles et des méchants; et, d'ailleurs, des entrailles d'une prostituée ne peut-il donc pas sortir un homme de bien?

Poursuivons notre sujet :

Près de la porte St.-Martin, et attenante au rempart, s'élève une maison aux fenêtres cintrées, dont l'extérieur révèle la destination première. Ce fut là que vinrent les Minimes en 1624. Ces ermites, soumis aux règles de saint François de Paule, n'offrant rien de bien remarquable, nous nous bornerons à dire que leur monastère, où on voyait autrefois un beau tableau, représentant le fondateur de leur ordre, et plus bas le roi et la famille royale, sert aujourd'hui de magasin.

Nous ne confondrons pas les Pères de l'Oratoire avec tous ces *mendiants* que nous venons de citer, car nous devons leur tenir compte des constants efforts qu'ils ont faits pour l'éducation du peuple, dans un siècle de profondes ténèbres, où la culture de l'intelligence pouvait seule donner à l'homme le sentiment de sa dignité déchue. Gaspard Monge et François Pasumot, dont la ville de Beaune s'enorgueillit à juste titre, ont puisé les premiers éléments de la science chez les Pères de l'Oratoire.

Sur l'emplacement de l'ancien hôpital du Bourgneuf, fondé, dit-on, par St. Louis, fut élevée, au dix-septième siècle, cette belle chapelle qui avoisine la petite fontaine d'où jaillissent les eaux de l'Aigue, pour de là se promener dans les rues de la ville. Cette chapelle, d'un style assez châtié et symétriquement ordonné, devint une dépendance du collége dirigé par les Pères de l'Oratoire, et c'est là que depuis 1830 a lieu chaque année la distribution des prix.

Il nous reste maintenant à dire quelques mots des maisons de religieuses établies dans l'enceinte de la ville; et d'abord, nous nous permettrons certaines digressions, dont sans doute on nous saura gré : Du moment que de jeunes filles font pour toujours abnégation des fausses joies de notre monde corrompu par une servitude démoralisante, et sacrifient leur existence aux pratiques de la religion du cœur et au soutien des pauvres, elles méritent grandement les éloges et l'amour de quiconque a senti, ne serait-ce qu'une fois dans sa vie, battre en son ame le sentiment de la compassion à la vue de ses frères malheureux. Il y a quelque chose de profondément impressif dans le dévouement de ces femmes, qui, après avoir dit un jour adieu aux sottises mondaines, se sont charitablement vouées à la consolation de l'humanité souffrante, et se sont assises au chevet de l'indigent moribond, pour en recevoir le dernier soupir, ou lui donner un peu d'espoir.

Nous voudrions distribuer les mêmes éloges à tous les ordres de religieuses, sans exception : malheureusement, il en est qui renoncent à la vie du monde pour la mort lente du cloître, et sans but certain d'utilité. Il y a du courage à cela, sans doute; mais un courage qui ne sert en rien la société, ressemble fort à une résignation capricieuse. Une grande force de religion a incontestablement servi de mobile à ces femmes; mais, ce nous semble, c'est une religion mal entendue que celle qui s'individualise en quelque sorte et ne s'épand en aucune façon sur les douleurs humaines.

Voici quelles étaient les maisons de religieuses établies à Beaune, et dont quelques-unes subsistent encore :

Le couvent des Carmélites occupait le lieu où se trouve aujourd'hui la Prison, et son église aux vitraux brisés, d'une simplicité si élégante et d'un type si remarquable, s'élève en face des lourds bâtiments de la Gendarmerie. Depuis la Révolution, elle a successivement servi de chantier pour la Croix de Mission, et de cuisine pour la garnison. L'érection du monastère des Carmélites date de 1619; et la sœur Marguerite Parigot, morte en 1648, et à l'âge de vingt-huit ans, y jouissait d'une si grande renommée de sainteté, que Louis XIV visita son tombeau lors de son passage à Beaune.

Les Bernardines occupaient une maison de la rue du Rempart, proche la Bouzaize (Grand'Rivière).

Le couvent de la Visitation, fondé en 1632, occupait les bâtiments en face de l'entrée du collége. Pendant les quatre années qui suivirent la fondation, les religieuses se virent réduites à une dure nécessité et eurent beaucoup à souffrir des rigueurs de l'hiver, couchées qu'elles étaient sur de mauvais lits et dans de froides cellules, séparées les unes des autres par deux draps. Leur vaisselle était de terre grossièrement façonnée, et leurs cuillers de buis. La conduite des religieuses de la Visitation, pendant l'invasion de la peste à Beaune en 1694 et en 1709, est digne d'éloges; à l'exemple des Ursulines, des Carmélites et des Jacobines, elles pourvurent à la subsistance d'une douzaine de pauvres.

En dernier lieu, viennent les Ursulines, dont l'habitation se trouvait proche la nouvelle Maison-de-Ville, et dont l'occupation consistait, comme aujourd'hui, à diriger un pensionnat de jeunes filles.

Il nous reste encore à entretenir nos lecteurs des Capucins, du nouveau couvent des Carmélites, des Templiers et des Chartreux; mais comme les habitations de ces différents ordres se trouvent ou se trouvaient dans les faubourgs, nous devons, avant de poursuivre nos excursions de ce côté et franchir les portes de la ville, passer en revue l'enceinte de Beaune, telle qu'on la voit aujourd'hui.

Les forteresses, dont la destination ne comporte pas d'habitude le moindre agrément, se sont pour la plupart transformées chez nous en lieux de plaisance. On ne rencontre point sur les remparts des sentinelles qui vous barrent le passage ou vous éloignent des parapets par un signe de baïonnette, si vous n'avez en main un *laisser-passer* du commandant de place; on n'y voit point croître l'herbe entre les arbres comme dans nos villes de frontière; chez nous, les remparts ne rappellent en aucune sorte la sauvage solitude d'une petite ville de guerre; leur caractère s'est à demi effacé, pour ne pas dire plus : vous n'apercevez plus un terrain herbu le long des parapets, et, au pied de ce terrain en talus, un sentier sinueux, large de quelques pouces, dont les promeneurs ne peuvent dévier sans s'exposer à subir le joug de la consigne militaire; mais, au lieu de cela, vous admirez une longue et large promenade circulaire, qui se roule autour de la ville comme une verte ceinture légèrement nuancée, une promenade ombragée de tilleuls et de platanes, aplanie comme une aire longuement foulée par le pied des hommes, de distance en distance, et dans sa portion occidentale, coupée de bancs de pierres, où de fois à autres nos citadins viennent prendre un peu de repos, la tête indolemment appuyée contre la main, et le regard étendu sur la montagne ou sur la poudreuse chaussée d'enceinte, tandis qu'au-dessus d'eux se fait entendre le frôlement de la bise à travers les feuilles qui se balancent et les jeunes rameaux qui se ploient.

De même que les remparts, les bastions se sont faits coquets dans un âge caduc; ils ont marié la couronne de fleurs à leurs robes vieillies de plusieurs siècles : on dirait des têtes épanouies de chérubins, aux corps vêtus d'une jacque de mailles, rouillée par le temps et éraillée par les tournois.

Le Wauxhall a porté son orchestre et son parquet sur le bastion St.-Nicolas, côte à côte d'un bosquet de verdure, d'une pelouse gracieuse et d'un estaminet aplati; on danse une fois la semaine à l'endroit d'où les Ligueurs observaient la grande route dijonnaise.

En allant du bastion St.-Nicolas à la porte St.-Jean, nous voyons le bastion Notre-Dame, avec son parterre de roses et sa serre peinte; puis vient la tour Blondeau, qui sert aujourd'hui de poudrière, et qui n'a rien perdu de son caractère sombre; puis encore les deux bastions du vieux château démantelé, dont nous avons parlé précédemment.

Nous voici maintenant sur cette pente légère du rempart qui finit dans la rue du Château et commence presque en face du faubourg St.-Jean. En poursuivant, nous voyons successivement la vieille tour Renard, qui sert d'asile à des indigents; le bastion Ste.-Agathe, qui touche à l'escalier de la porte Madeleine; puis la tour des Poudres, la grosse tour en face le faubourg Perpreuil, le boulevard des Cordeliers; le bastion de la Bretonnière, au-delà de la porte de même nom; le boulevard de la Bussière, entre les degrés de la rue du Rempart et la Bouzaize; et enfin le boulevard des Filles, que M. Verry a converti en de vastes caves, dont la partie supérieure du toit s'évase en entonnoir et forme la continuité d'un puits profond, qui constitue l'axe de ce boulevard. On a beaucoup admiré et vanté cette construction, qui, nous devons le dire cependant, n'a de remarquable que son volume et sa massiveté; car, ce nous semble, il serait fort difficile d'y découvrir de l'élégance.

Les bastions et boulevards qui se trouvent dans la concavité comprise entre la porte St.-Martin et la porte Madeleine sont infiniment moins gracieux que les autres, et bien qu'à leurs faîtes on aperçoive de charmants arbrisseaux fleuris, le défaut d'entretien menace de laisser tomber les murailles en ruines.

Nous avons parcouru la ville dans toutes les directions, et mendié quelques souvenirs à toutes les ruines; mais notre tâche est loin d'être terminée : la dernière goutte d'encre n'est pas encore tombée de notre plume, et les faubourgs sont là qui nous attendent. Nous avons à peine franchi la nouvelle porte

St.-Jean, que, de l'autre côté de la chaussée, s'élève le souvenir de la Croix de Mission, plantée en décembre 1824, au milieu d'une foule immense de curieux précédés par l'évêque de Dijon, puis brûlée peu de temps après la révolution de 1830, par suite de provocations maladroites. Comme notre but n'est point de raviver des haines mal assoupies, nous nous abstiendrons de toute réflexion, laissant à la postérité le soin de distribuer la justice et le blâme à qui mérite l'un ou l'autre.

Le faubourg St.-Jean, qui se groupe si gauchement en face de nous et se replie en arrière de son cimetière, sur le faubourg Madeleine, comme un enfant épouvanté qui recule à la vue d'un spectre, nous rappelle l'ordre de ces chevaliers de Malte, en habit noir, avec leur croix à huit pointes, qui, après avoir fait vœu de pauvreté, jouissaient, au commencement du treizième siècle, de la terre du Vernoy et de plusieurs autres biens. Mais comme il arrive presque toujours que les grandes richesses balaient la vertu du cœur des hommes pour y faire germer la corruption, messires les chevaliers ne voulurent point faire exception à la règle, et se relâchèrent à tel point que le pape Clément VI fut contraint d'en porter plainte au grand-maître Hélion de Villeneuve. Dans le même temps, le digne commandeur de ces chevaliers, Gérard de Fouquerolle, et ses valets, prirent un ton de fierté fanfaronne et se permirent des insultes et voies de fait envers les habitants de la ville, qui obtinrent complète justice de Philippe-le-Hardi, duc de Bourgogne, lequel enjoignit, sans délai, à son lieutenant de contraindre le commandeur à payer l'amende.

Sur la fin du XVIe siècle, on démolit les bâtiments du faubourg St.-Jean où logeaient les chevaliers de Malte, et il ne resta que la chapelle où les commandeurs avaient leur sépulture avant la Révolution. Qui sait si nos chevaliers ne furent pas de ceux à qui Bonaparte disait en 1798, avant de planter le drapeau tricolore sur les forteresses de l'île de Malte : — « Puisque vous avez pu prendre les armes contre votre patrie, il fallait savoir mourir; je ne veux point de vous pour prisonniers : vous pouvez retourner à Malte, tandis qu'elle ne m'appartient pas encore! »

Maintenant, longeons rapidement les fossés à l'ombre d'une épaisse rangée d'érables et de marronniers, et voyons si quelques souvenirs se rattachent au faubourg Madeleine. Rasé du temps de la Ligue par ordre de Mayenne, ce fut sur les ruines de ce faubourg que le maréchal de Biron prit position lors de l'attaque du château. Sur la grande place s'élevait, avant la Révolution, l'église Madeleine, dont nous n'avons pu retrouver les plans; et sur l'emplacement de cette église les patriotes de 1830 élevèrent un peuplier en signe d'indépendance; mais comme ils l'avaient coiffé d'un bonnet de liberté, les Autorités et la Garde Nationale, dans un accès de fièvre monarchique, firent abattre cet arbre à coups de hache.

De ce pas dirigeons-nous sur le faubourg St.-Jacques. Ici l'ordre religieux et militaire des Templiers avait une communauté, une chapelle et un vaste enclos en l'année 1220. Ils portaient l'habit blanc, avec une croix rouge sur le manteau.

Les Templiers beaunois, peu soucieux de défendre les Chrétiens contre les Infidèles et de protéger ceux qui voyageaient en Palestine, se relâchèrent rapidement de la règle que leur avait dressée St. Bernard, et jetèrent au diable leur réputation religieuse pour jouir à l'aise des plaisirs de l'opulence. — « Leurs grandes richesses, dit l'abbé Gandelot, les rendirent orgueilleux et indociles; ils tombèrent ensuite dans toute sorte de dérèglements. » Après le concile général de Vienne, qui, en l'année 1311, abolit cet ordre, les biens des Templiers passèrent aux chevaliers de Malte, avec une maison de campagne environnée d'un fossé, à une demi-lieue de la ville, à Bertheney.

Nous avons pour habitude de frapper l'immoralité en quelque lieu qu'elle ose dresser la tête, et en cela nous n'avons pas plus de ménagements à prendre envers les religieux qu'envers les autres hommes; mais, si nous avons un moment traîné les Templiers à notre barre, pour cause d'orgueil et d'immoralité, nous venons à cette heure les défendre contre la tyrannie de Philippe-le-Bel et de son ministre Enguerrand de Marigny, jaloux de leurs richesses. Les bourreaux des Templiers ont menti, sans nul doute, lorsqu'avant de dresser le bûcher, ils ont accusé leurs malheureuses victimes de cracher sur le crucifix, d'adorer une idole à longue barbe, de se *prostituer* entr'eux d'une manière infâme, de tuer les enfants qui naissaient d'un Templier, de les faire rôtir et d'en recueillir la graisse fondue pour oindre la barbe de l'idole; de brûler enfin les cadavres des Templiers, et de boire leurs cendres détrempées dans un philtre. Lorsque les puissants veulent à tout prix se débarrasser d'un ennemi, cet ennemi fût-il un honnête homme, ils ne craignent pas d'en faire un scélérat. Par cette digression, nous ne cherchons pas à absoudre complètement les Templiers; loin de là : mais tout en convenant de leur culpabilité sous le rapport de la démoralisation, conséquence nécessaire d'une opulence excessive, et de la fraude des aumônes à eux faites pour l'entretien des combattants chrétiens, nous ne prendrons pas moins leur défense contre des imputations calomnieuses et infâmes; et lorsqu'un ministre et son roi livrent des hommes aux flammes du bûcher tout simplement par jalousie financière, mettez la main sur votre conscience, et dites-nous de quel baptême de réprobation sont dignes et le ministre et le roi! Dites-nous si Jacques de Molay n'a pas grandi au milieu du supplice, quand Philippe-le-Bel ravalait sa dignité sur les marches du trône!

Du faubourg St.-Jacques, continuons rapidement notre route vers le faubourg St.-Martin. Là s'élève encore un vieux couvent noirci, où vivaient les Capucins avant 89. Ces religieux, de l'ordre de St. François, ont tiré leur nom de la réforme extraordinaire de leur capuchon. Ils étaient vêtus d'une grosse robe, d'un manteau et d'un capuce d'un gros drap gris; portaient la barbe longue, des sandales et une couronne de cheveux. Ces frères *mendiants*, assez utiles en cas d'incendie, s'établirent à Beaune au commencement du XVIIe siècle; et, malgré leur fainéantise habituelle, nous n'avons pas à leur reprocher une grande avidité matérielle. Cependant il ne faut pas considérer les Capucins comme réduits à une nécessité que semblait afficher l'apparence de leur accoutrement, qui, certes, était bien au-dessous du modeste; et nous pouvons leur appliquer le satyrique *credo* de Pierre Laboureur (Piter Plowman) rapporté par Châteaubriand, dans l'Analyse Raisonnée de l'Histoire de France : — « J'ai rencontré, dit-il, assis sur un banc, un frère affreux : il était gros comme un tonneau; son visage était si plein qu'il avait l'air d'une vessie remplie de vent, ou d'un sac suspendu à ses deux joues et à son menton. C'était une véritable oie grasse qui faisait remuer sa chair comme une boue tremblante. »

La rue de Chorey, qui fait partie du faubourg St.-Nicolas, nous offre aussi son monastère : mais comme, avant tout, nous cherchons des souvenirs, et que cette maison religieuse ne date que de deux années, nous nous bornerons à dire que la construction de ce monastère est remarquable sous le rapport de la correction du style et de la répartition. Elle appartient aux Carmélites, qui, après avoir été dépossédées de leur vieux monastère, ont été accueillies pendant longtemps par la famille Placide.

Nous terminerons par quelques mots sur la Grande-Chartreuse, fondée en 1332 par Eudes IV et Jeanne de France, sur les ruines d'un ancien édifice que les Bénédictins avaient cédé un siècle auparavant à Hugues IV, prédécesseur du fondateur. La situation de ce monastère, à dix minutes de la ville, sur la route de Verdun, était on ne peut plus gracieuse et plus commode; bâti dans une plaine silencieuse et sur la rive de l'eau, les Chartreux pouvaient, sans sortir de leur enclos et conséquemment sans enfreindre l'austérité de la règle, jouir des agréments naturels de leur domaine et mêler quelque aménité à l'amertume de la solitude. En signe d'affection pour la communauté, Eudes avait fait construire un petit logement à côté du monastère, et leur avait donné — « faculté et franche poetée de mettre ou faire mettre à leur profit, en tout temps et par tous les bois et forêts du duché, tout franchement six-vingts porcs en paisson. » Après sa mort, son cœur devint l'héritage du chapitre de la Chartreuse. Cette maison fut rebâtie plus solidement au milieu du XIVe siècle, brûlée par les religionnaires le 1er mai 1579, rebâtie long-temps après, brûlée de nouveau par Galas à la tête des Impériaux, en 1637, puis relevée, puis forcément abandonnée par les religieux en 1789, pour tomber enfin et ne plus se relever de sitôt, si Dieu et le peuple le veulent.

L'enclos de la Grande-Chartreuse est maintenant embelli de tertres fleuris, de promenades sablées, de pelouses vertes et riantes, d'orangers et de riches espaliers. Une rivière légèrement ondulée, silencieuse, et sur ses rives de magnifiques rangées de peupliers, ornent encore cet enclos de la Chartreuse, si gracieux et si varié dans son ensemble.

RUINES

ET

Souvenirs Historiques

DES

ENVIRONS DE BEAUNE.

RUINES
ET
Souvenirs Historiques
DES
ENVIRONS DE BEAUNE.

I.

L'ABBAYE DE CITEAUX.

Il n'est pas de monastère qui, après avoir brillé d'un si vif éclat que Cîteaux, se soit ensuite prostitué avec autant d'impudeur à la face des hommes. Cîteaux, c'est d'abord un soleil immense d'où s'épand à flots la poésie religieuse, puis un *lupanar,* d'où la volupté éhontée et le sans-gêne de l'immoralité débordent et s'épanchent comme la boue de l'ornière aux jours d'orage. Cîteaux, c'est un enfant, bercé par les rêves de l'humilité, dans la solitude des forêts, qui grandit rapidement, remue du geste et de la voix tout un monde, et qui, devenu vieux, se vautre sur les coussins de la mollesse, sous les tables avinées de la débauche, puis s'endort comme l'insecte dans les joncs d'une mare, jusqu'à ce que le tocsin révolutionnaire vienne l'éveiller en sursaut et lui vibre à l'oreille, comme vibre la voix de l'exécuteur à l'oreille du condamné.

Ecoutez plutôt :

— C'était en 1098 : Robert, abbé de Molesme, grandement affligé du relâchement de la règle de St. Benoît dans son monastère, l'abandonne avec vingt-un religieux de son ordre, et sollicite de Hugues, archevêque de Lyon, et de Gauthier, évêque de Châlon, la permission de fonder un ermitage au milieu d'une forêt entre Dijon, Beaune, Verdun, Seurre, Pagny et Rouvre, *lieu estrangement austère, et lors de prodigieuse solitude.* Loin de s'y opposer, le légat lyonnais et l'évêque de Châlon s'adressent à Eudes de Bourgogne, à qui appartenait la forêt, et obtiennent non-seulement le lieu, mais encore de quoi bâtir une église et une abbaye, qui eut nom Cîteaux. Quelle étymologie donner à cette dénomination? Les uns prétendent que Cîteaux dérive de citernes *(cistertium),* d'autres donnent pour raison que l'abbaye était située au milieu des eaux; mais, comme dit fort bien Paradin, « quoy que ce soit, toutes ces raisons tendent à la même cause. » Le pasteur Robert est bientôt contraint, par ordre supérieur, de quitter l'abbaye; Albéric lui succède; puis vient l'abbé Étienne, homme d'une religieuse simplicité : tandis que ses moines défrichent la terre, et vivent du travail de leurs mains, le saint abbé s'en va de porte en porte, menant un âne par la bride, et mendiant quelques morceaux de pain, en butte aux piquantes railleries du peuple, et supportant les refus avec une résignation stoïque : « car, dit encore Paradin, les pouvres abbés et religieux n'avoyent pas du pain leur saoul, pour appaiser le ventre criant la faim; si le revenu et rentes de nostre temps estoyent tels, je croy qu'il n'y auroit si grand presse et brigue pour estre abbé. »

Place maintenant, place! voici venir à Cîteaux, comme simple moine, un gracieux et beau gentilhomme de 22 ans, et de la noble maison de Châtillon : plus tard vous le nommerez St. Bernard. Il n'a point voulu, comme tant d'autres seigneurs, ceindre l'épée, brandir le casse-tête, faire de la courtoisie chevaleresque, ou piller ses voisins à la tête de quelque bande ; ce que veut ce jeune homme, c'est la solitude, où l'intelligence se développe et réfléchit à l'aise, c'est un asile religieux et chaste; son amour a besoin de puiser largement dans l'idéalisme; et depuis que, dans une auberge, une dame au friand minois et prise de vin a tenté trois fois de le séduire, et que par trois fois il a crié : Au larron ! il a résolu à tout jamais « de ne plus habiter avec les serpents, pensant à part soy de laisser le monde et de se vouer pour le reste de sa vie à l'ordre de Cîteaux. »

C'était en l'année 1112. A vingt-huit ans saint Bernard sera élu abbé de Clairvaux, puis il *prédira* à Louis-le-Gros la mort de son fils Philippe, qui fut en effet renversé brusquement par son cheval entre les jambes duquel s'était fourré un cochon ; puis il donnera des leçons au Saint-Père, comme à un écolier ; il ébranlera le monde fanatique, le signe des croisades en main ; il tonnera contre les doctrines du malheureux Abeilard, et jugera les différends entre princes. En vérité, ce fut un grand prophète, celui à qui la mère de St. Bernard, enceinte, disait un jour avoir songé qu'elle accoucherait d'un petit chien moucheté. « C'est, répondit-il, que vous enfanterez un fils, qui aura vertu inspirée de Dieu, d'abbayer contre les ennemis de Dieu et de la sainte Église. »

Demandez à St. Bernard où il a puisé cette merveilleuse éducation qui lui donne tant d'orgueil et de puissance sur les grands et les peuples, il vous répond : — « Les chesnes et les faugz (*) sont mes maîtres d'eschole. »

Malheur à toi, Cîteaux! voici les princes qui dépouillent leurs héritiers pour t'enrichir; la grandeur temporelle rampe à tes pieds et courbe la tête en signe d'humilité : l'opulence va te perdre !

Seigneur de Marigny, voilà deux cents livres dijonnaises bien comptées, et les religieux de Cîteaux pourront sans conteste amener jusque chez eux la petite rivière de Solon-la-Chapelle. Le temps où les abbés demandaient l'aumône est de cent années et plus en arrière; maintenant, ils veulent, non pas un morceau de pain, mais des étangs remplis de brochets; ils veulent un magnifique

(*) Hêtres.

réservoir, dans les jardins délicieux du monastère, et des moulins à plusieurs roues pour broyer leurs récoltes. Ils auront tout cela, et plus encore. L'ambition des jouissances matérielles ne connaît pas de limites, on désire et on désire toujours; et lorsque plus tard, moines de Cîteaux, vous aurez un fauconnier, un grand veneur, des chiens de chasse et des volières, un homme de cœur, promenant sur ses tablettes une plume bien trempée, s'écriera d'indignation : — « Maintenant le pis est que orgueil, après y avoir obtenu entrée, y a donné accès à deux pernicieuses pestes : avarice et p........se (passons le mot); car où chercherons-nous les greniers et celliers fermez aux povres, les usures fameuses, la sordide tenacité, sinon entre ceux qui devroyent estre tous ardans en charité et largesse, et qui ne font point conscience de remplir leur panse du sang et sueur des povres, sans leur en vouloir faire part? Or si les bons princes ressuscitoient maintenant, et qu'ilz veissent leurs biens ainsi prostituez et profanez, que pensez-vous qu'ilz feroyent ou diroyent?... »

Vous avez renié les règles auxquelles étaient soumis vos prédécesseurs; vous avez demandé de l'or, et vous l'avez obtenu, avec tout son attirail de licences désordonnées, de débauches sans frein et de sales voluptés; ne vous arrêtez donc pas en si beau chemin, et laissez venir le *Lutrin* de Boileau, qui, parlant de la Discorde, ira réciter dans les salons de la noblesse et en petit comité :

L'air, qui gémit du cri de l'horrible déesse,
Va jusque dans Citeaux réveiller la Mollesse :
C'est là qu'en un dortoir elle fait son séjour :
Les plaisirs nonchalants folâtrent à l'entour;
L'un pétrit dans un coin l'embonpoint des chanoines,
L'autre broie en riant le vermillon des moines ;
La Volupté la sert avec des yeux dévots,
Et toujours le Sommeil lui verse des pavots.

Les temps approchent : Louis XIV ruine la France; les courtisanes de la Régence la ruinent encore et la déshonorent à la fois; les idées révolutionnaires germent de toutes parts; le trône et les monastères vont crouler : moines de Cîteaux, vous n'avez pas de temps à perdre! allez bon train, sablez le Vougeot, gaudissez-vous, damnez-vous en famille, finissez en goguette; vous n'êtes que quatre-vingts, et vous avez quarante valets à vos ordres; vous avez cent dix mille livres de rente, et vous n'avez pas d'héritiers.

1791 sonne à l'horloge des siècles : le désordre est à son comble dans l'abbaye de Cîteaux, les moines insultent le général de l'ordre, lorsqu'un jeune officier se présente à la grille du monastère avec une poignée d'hommes : c'est Bonaparte, envoyé par le Gouvernement national pour rétablir la discipline et prévenir le pillage. Il est trop tard;

déjà le manutenteur des caves, *dom Goblet*, s'est emparé des vins du clos de Vougeot, et les a fait charrier aux environs de Dijon; la précieuse bibliothèque est pillée, quelques manuscrits rares ont disparu, et entre autres les actes originaux du concile de Constance, que fort heureusement l'on retrouvera plus tard entre les mains d'un amateur Franc-Comtois.

L'abbé de Cîteaux est fait prisonnier; mais l'adroit vieillard demande à se promener un peu et à prendre l'air; on le lui accorde sans crainte; puis il s'échappe par monts et par vaux, pour aller, nous ne savons où, mourir peu de temps après de vieillesse et de chagrin. Ainsi finit ce fameux monastère, aux armes *d'azur semé de France, à l'écu de Bourgogne ancienne en abîme.*

La basilique, qui seule restait de l'antique édifice, est détruite à cette heure. Longue de deux cent quatre-vingt-deux pieds et large de soixante, elle était ornée, entre autres reliques, du bras droit de St. Jean-Baptiste, envoyé en 1263 par un certain Othon, lequel l'avait accepté en 1261 de Beaudouin II, empereur de Constantinople, lequel à son tour l'avait tiré d'on ne sait où. On nommait Cîteaux *le Mausolée des ducs de Bourgogne,* car tous les ducs de la première race, deux exceptés, avaient leurs tombeaux dans l'église de ce monastère, mort aujourd'hui après avoir enfanté quatre papes : Eugène III, Grégoire VIII, Célestin IV et Benoît XII.

Les nouveaux bâtiments de l'abbaye sont encore debout, ceints d'une ample muraille de briques ébréchées, aux grilles chargées de rouille et au pied desquelles rampe l'herbe des bois. Çà et là, dans le vieux parc, les vertes feuilles du lilas caressent en se balançant leurs corolles embaumées ; çà et là, la fauvette sautille de broussaille en broussaille en roucoulant de mélancoliques ariettes ; mais le gai bruissement des Bénédictins aux jours de relâchement, les secrètes voluptés, le faste de ce temps où un abbé se faisait suivre de laquais vêtus de pourpoints de velours cramoisi, la pompe qui éblouit, le son harmonieux et poétique des cloches, tout cela n'apporte plus à Cîteaux son tribut de charmes, et ce qui était solitude il y a huit cents ans est redevenu solitude. Lorsque, autrefois, l'évêque de Châlon venait rendre la première visite à l'abbaye, et que toute la communauté, avec l'encensoir, la croix et le bénitier, l'attendait à la grande porte de la basilique, les avenues du monastère étaient sablées avec soin et embellies de fleurs : elles sont aujourd'hui labourées de profondes et fangeuses ornières, et de fois à autres le *houp* des bûcherons et le claquement des fouets annoncent que tout près de là on fagotte des branches d'arbre à tant le mille, et que sur les rives de la *Vouge* des fermiers ont leurs écuries. Cette vaste construction monacale, que l'on nomme *château*, avec son odoriférante rangée d'orangers au pied de la façade, n'offre plus qu'une étrange monotonie. Comme cette serre aux vitres calcinées est mesquine! Comme ces murailles se lézardent et sentent la ruine! Comme ces alentours sont dénués de poésie!

Que dirait saint Bernard, si, levé de sa tombe, il voyait, à la clarté pâle et tremblottante de la lune, des bouffées de flammes et de noire fumée sortir d'une cheminée de sucrerie, s'il voyait des plantations de betteraves sur les lieux où, quinze années avant lui, de simples et malheureux moines allaient de temps en temps déraciner la ronce des bois ou le jonc des marais!...

Il y aura bientôt quatre années que, pour la dernière fois, nous avons parcouru le parc et le château de Cîteaux, alors habité par la veuve de M. le marquis de Chauvelin, et par M. de Boulogne. Nous avons vu des appartements gracieux, ornés avec goût, mais pleins de tristesse; nous avons visité les greniers déserts du bâtiment, où des centaines de signatures charbonnées ou crayonnées sur les murs, se froissent, se confondent et se détruisent l'une l'autre; nous avons fait une halte sur le sentier de plomb, qui surplombe l'édifice, et de là nous avons promené nos regards soucieux sur la cime épaisse des forêts, sur les rougeâtres toitures des fermes, sur les sinuosités indécises et nuageuses de ce rideau où s'échelonne le pampre aux délicieux produits.

Là ne se borna point notre visite, et l'obligeance ne restant pas au-dessous de notre curiosité, nous vîmes s'ouvrir la porte d'un petit bâtiment qui s'élève presque côte à côte du château, avec des prétentions d'élégance antique. Nous sommes au théâtre de Cîteaux, devenu la sombre hôtellerie des chauve-souris au vol lourd, qui se croisent sans relâche sur la scène et secouent la poussière de leurs ailes sur les décors oubliés. Ce théâtre en miniature se compose tout simplement d'un parterre et d'une galerie demi-circulaire, enjolivée de dorures assombries et d'emblêmes de comédie. On retrouve en outre les cabinets de toilette et une petite salle qui a dû servir de foyer, et qui renferme un dépôt de cassonnade. Le positif de l'industrie a détrôné l'idéalisme.

Autrefois les brillantes sociétés réunies dans le château de M. de Chauvelin, se délassaient gaîment dans ce petit théâtre : la comédie bourgeoise faisait alors fureur; M. le marquis, cet ancien ambassadeur de France en Angleterre sous la République, ne dédaignait pas, dit-on, de souscrire à ces amusantes fantaisies et de se constituer l'interprète des spirituelles et sages bouffonneries de Molière : nous pourrions encore citer plus d'une gentille et mignonne ingénue d'alors, si nous n'avions certains ménagements à prendre, certaines convenances à observer envers les vivants.

Maintenant, vieille abbaye, que nous avons assez largement puisé dans les replis de ton histoire; maintenant que nous avons dévoilé à tous les regards et fidèlement déroulé le tableau de ta puissance religieuse et de ta décadence scandaleuse; maintenant enfin que nous avons dit à haute voix ce que tu fus et ce que tu es, nous te quittons l'ame pleine de respect et d'indignation, de respect pour ta grandeur d'un jour, d'indignation pour tes longues et bruyantes folies.

II.

NUITS.

On se demandera sans doute pourquoi la description de Nuits vient en seconde ligne, et n'occupe pas le rang d'honneur accordé à Cîteaux : c'est que Nuits, charmante petite ville d'aujourd'hui, ne se composait que d'un chétif bourg et d'une maisonnette pour les chiens de chasse des seigneurs de Vergy, quand Cîteaux ébranlait la terre de sa puissance ; c'est que cette vieille abbaye, qui se perd dans la plaine, comme une étoile tombée des cieux, comme une mâsure de bois dans le faste de nos villes, comme un point obscur sur une page immense, résume à elle seule l'apogée du grandiose religieux, le mobile des croisades sous Louis IX, le brillant de l'opulence et la souillure du vice; c'est que des ruines du grand Cîteaux et du Cîteaux corrompu, s'exhalent des impressions ineffables et des odeurs de boue, au milieu desquelles toute une vie d'homme s'écoulerait dans les rêves. Peut-on en dire autant de la ville de Nuits? Non, certes; et conséquemment nous ne dérogeons pas à l'étiquette de l'histoire, en lui assignant la seconde place dans nos fragments sur les environs de Beaune.

Gracieusement couchée sur la grande route de Beaune à Dijon, les pieds recouverts d'une verdoyante draperie, et la tête appuyée sur un dur coussin, la ville de Nuits s'offre aux regards de l'observateur comme une borne posée entre la vie et la mort, entre une plaine coquette dans sa parure et une montagne nue, mélancolique comme un suaire.

L'origine de Nuits remonte à une époque fort reculée, et tout porte à croire que l'emplacement occupé par cette ville l'était autrefois par une plantation de noyers *(nucibus)*. Ce n'était certes guères plus qu'un village, qu'une modeste seigneurie, lorsque les comtes de Vergy songèrent à faire quelques parties de chasse avec leurs alliés, les ducs de Bourgogne, séjournant au château d'Argilly. Alors Nuits servait de halte à ces nobles comtes, ainsi qu'à leurs meutes; c'est là que se faisait le premier déjeuner et que se vidaient les premières bouteilles de bon vin.

Lorsque la voluptueuse Alix de Vergy devint l'épouse de Eudes III, duc de Bourgogne, la terre de Nuits se trouva comprise dans la dot. Le bourg se grossit rapidement, fut baptisé du nom de ville, et reçut des priviléges ainsi que le droit de commune en 1212.

En 1362, lorsque les guerres ensanglantaient la province, le roi Jean permit aux habitants de Nuits de se mettre en état de défense, et alors on construisit des fossés et des remparts flanqués de six tours selon les uns, de huit selon les autres. Après la mort de Charles-le-Téméraire, dont le cadavre livide et meurtri fut retrouvé dans une mare après la bataille de Nancy, le bon roi Louis XI, enivré de sa victoire à la fin d'une lutte opiniâtre qui n'avait pas duré moins de seize années, bien qu'il eût ameuté contre la Bourgogne, et la Lorraine et l'Helvétie; Louis XI, qui rêvait depuis bien long-temps cette unité nationale, seule préoccupation honorable dont ses mânes aient à s'enorgueillir, n'eut rien de mieux à faire que de payer les services de ses créatures avec notre province conquise, et Nuits devint la seigneurie du chancelier de France Doriol.

Un siècle plus tard, le prince de Condé, ennemi de la cour, fit venir d'Allemagne en Bourgogne une armée de Reîtres, commandés par Casimir. Ce général, dont les ressources pécuniaires étaient épuisées, s'arrêta devant Nuits et somma les habitants de lui fournir des vivres et de l'argent. Les Nuitons répondirent à la sommation par un refus, et le siège de la ville fut incontinent résolu. Battu en brèche pendant cinq jours par les Protestants de Casimir, Nuits se vit dans l'impossibilité de tenir plus long-temps, et ne capitula toutefois qu'après avoir, à prix d'or, acheté une exemption de pillage. Mais les assiégeants, traîtres à leurs promesses, se répandirent par la ville, saccagèrent les maisons, se ruèrent pêle-mêle dans les caves, défoncèrent les tonneaux, s'abandonnèrent au dévergondage le plus ignoble peut-être qui soit dans les annales de l'orgie, et puis ivres-morts, la bave sur les lèvres, l'insulte à la bouche, et l'infamie dans les désirs, on les vit se traîner dans les rues de Nuits, immoler des femmes à leur lâcheté, sabrer sur leur passage, égorger plus de deux cents personnes. Est-ce tout? Oh! certes non! Des brigands ne s'en tiennent pas à de semblables balivernes; il faut à ces misérables un dénouement digne du début. Aussi, sans perdre de temps, ils iront mettre le feu aux quatre coins de la ville; ils verront, au milieu d'une joie féroce et de hurlements sans nom, tomber avec fracas la Maison-de-Ville et le Bailliage; ils iront piller les églises, briser les autels, déchirer les tableaux, en vomissant de sales propos et en chancelant d'une muraille à l'autre. Peut-être feraient-ils pis encore, mais le reste des Nuitons a pris la fuite, les appartements sont nus, les tonneaux vides, les murailles croulent, la fumée tourbillonne de tous points, la flamme de fois à autres brille à travers; une vapeur chaude ondule entre le ciel et la terre; le drame horrible est ici, là, partout; la bacchanale est complète, le crime s'est *débauché ;* et quand Néron eût été satisfait de ce spectacle, les Reîtres pouvaient-ils vouloir plus ! !...

Nuits se ressentit long-temps des atroces exactions des soldats de Casimir, et il ne fallut rien moins qu'une longue exemption d'impôts et les secours qu'arrache le malheur au compatissant pour la relever peu à peu, et lui ôter son voile de deuil. C'était probablement pour captiver l'intérêt de Henri IV que les notables Nuitons s'adressèrent à ce prince pour embrasser cette religion réformée, qu'il devait lui-même échanger contre une couronne de France, en disant : — « Paris vaut bien une messe. » Henri comprit le sens caché de la pétition, en venant au secours des malheureux Nuitons.

Il ne reste aujourd'hui le moindre vestige des forteresses Nuitonnes, tombées en ruines et vendues sous Louis XIV. La petite ville, fatiguée de son maillot de pierres de taille, a voulu se grandir, et, comme dirait Victor Hugo, *la marée montante des maisons* a débordé les parapets et les a pour toujours anéantis, balayés. Nuits, étouffé par une longue et pénible étreinte, a secoué vigoureusement ses membres repliés, rabougris; sa vieille ceinture a craqué, puis elle s'est rompue; et de nouvelles constructions se sont éparpillées au-delà des fossés, pour former les faubourgs.

Ce n'est donc plus, comme Beaune, son aînée, une ville qui comporte l'imposant d'une place de frontière, en même temps que la gracieuseté d'une ville ouverte. Nuits a perdu ses vieilles portes et ses vieux bastions ; elle a perdu son caractère mâle, sa visière des batailles, sa chemise de pierres moussues et criblées ; Nuits a caché les rides de son front sous un bandeau de jeune fille ; elle s'est fardée, musquée ; elle a fait peau neuve, la capricieuse coquette, et une ombrelle de vert feuillage lui conserve sa fraîcheur.

Nuits occupe les rives d'une petite rivière, qui ne laisse pas d'avoir soif assez souvent, et que l'on nomme le *Muzin*. M. Joly de Fleury de la Valette, intendant de Bourgogne, la fit creuser, élargir et murer sur une hauteur de douze pieds, et dans un endroit convenablement choisi, de façon à prévenir les inondations, qui, en 1712, 1713, 1747 et 1757, avaient grandement affligé les habitants. Cette rivière prend sa source au village de l'Étang, à deux lieues nord-ouest de la ville, et au pied de cette montagne de Vergy, célèbre par un château fort qui autrefois en couronnait le faîte.

Les environs de Nuits sont d'une beauté remarquable ; beauté qui ressort évidemment du contraste des lieux. Ici, nous voyons une montagne grisâtre, rocailleuse, aride, cousue au milieu d'un rideau de pampre, comme un chiffon déteint ; plus loin, nous voyons l'admirable site de *la Serrée,* d'un aspect à la fois gracieux et pittoresquement sauvage, où les habitants de Nuits vont s'ébattre une fois l'an.

Le nom seul de *Nuits*, éminemment connu de nos grands viveurs matérialistes, nous dispense d'énumérer ici les qualités de ses bons vins.

Nous ne parlerons pas davantage des mœurs et du caractère Nuitons ; car, outre qu'il serait fort difficile de juger une population sur laquelle influe d'habitude l'esprit de localité, le peintre en pareil cas court risque de s'entendre accuser ou de flatterie ou de partialité choquante.

Au nombre de ses enfants, la petite ville de Nuits compte avec orgueil trois hommes célèbres : Jean de Pringles, Sarasin et le capitaine Thurot. Le premier, de famille noble, se distingua grandement dans la carrière du barreau, et fut l'un des auteurs des *Commentaires sur la Coutume de Bourgogne*. Comme dans les siècles passés, on avait l'étrange manie de chercher la vocation d'un individu dans la décomposition de son nom, dût-on traduire ce nom en latin, s'il ne donnait pas de résultats favorables en français. *Joanes Pringlæus* fut disséqué, et l'on obtint l'anagramme suivant, que l'éditeur des *Commentaires* rapporte d'une manière risiblement sérieuse : — *En ego juris lampas* (je suis le flambeau du droit).

Jean de Pringles naquit en 1550, et mourut le quatre mars 1626.

Sarasin fut un acteur célèbre, qui, en 1729, débuta à la Comédie-Française dans *OEdipe*.

Le capitaine Thurot, tué, en 1760, dans un combat naval, sur les côtes d'Irlande, naquit à Nuits en 1726.

Nous terminerons ce fragment, en disant que la ville de Nuits devint pendant quelque temps le séjour de Bonaparte, officier d'artillerie, probablement lors de sa mission à Cîteaux.

Nous regrettons vivement que la ville de Nuits soit d'une importance à peu près nulle sous le point de vue monumental; et ses édifices religieux, d'un style incorrect, peu facile à définir, sont par trop dépourvus d'intérêt artistique et historique, pour que nous ayons cru devoir y consacrer quelques détails.

III.

Le Château

DE

LA ROCHE-POT.

Lorsque vous avez visité le *Cul-de-Menevault*, à gauche de la route de Châlon-sur-Saône à Paris, et à quatre lieues de Beaune environ; lorsque vous avez longuement admiré l'un des plus beaux sites de la Bourgogne : ce filet d'eaux éparpillées et jaillissantes d'un lit de mousse verte, que l'on nomme cascade, et que les rayons du soleil viennent de temps en temps nuancer en arc-en-ciel; le gai ruisseau de *la Tournée*, délicieusement ombragé, dans sa promenade sinueuse, par de jeunes arbres qui se penchent, et par l'herbe des prairies qui verdoie sur la rive; ces roches nues qui d'un côté surplombent, ces chênes et ces broussailles qui de l'autre grimpent sur le revers rapide de la montagne; ce petit bassin où se brise la cascade, où se forment des incrustations de toute sorte, et qui constitue le *nec plus ultrà* du vallon, le *bout du monde,* comme disent les gens du pays; lorsque, enfin, vous avez visité, contemplé, admiré toutes ces beautés d'une nature forte et voluptueuse à la fois, et qu'ensuite vous prenez la route du Bel-Air à Beaune, ce ne sont plus les œuvres de la nature qui vous attendent sur votre passage, mais un antique manoir accouplé depuis six cents ans au faîte d'un rocher à pic, et dont il ne reste plus que des ruines informes, des pans assombris et crevassés par l'âge, où croissent à peine quelques herbes frêles et chétives. Ce manoir appartenait jadis à des comtes célèbres qui, sans courber la tête, hantèrent la cour des ducs de Bourgogne, et jouèrent un assez grand rôle dans les affaires du pays. De cette magnifique résidence des seigneurs du vieux temps, des quatre tours élevées par Régnier Pot, de ces casemates pratiquées sous la forteresse, de ces hautes murailles d'autrefois si intimement mariées au roc qui domine le village, et contre lequel les brigands et amateurs de *pilleries* payés par l'Angleterre n'eussent point osé dresser leurs longues échelles de siège, il ne reste que des débris sans consistance, dernier témoignage au présent des souvenirs du passé. Qu'est devenu ce puits si profond, ouvert dans le rocher à la sueur des malheureux serfs, de nos débonnaires aïeux, taillables et corvéables à merci? La Révolution de 89 l'a comblé, mais pas entièrement, prétendent les villageois de l'endroit; car, disent-ils, une porte précipitée dans ce puits par les démolisseurs s'est arrêtée dans sa chute, n'a pu atteindre le fond de l'abîme, et supporte encore tout le poids des matériaux enfouis. Allégez-vous donc, crédules visiteurs qui parcourez ces ruines du château de la Roche-Pot, dans la crainte que le poids de votre corps vienne à rompre la porte, et qu'un vide soudain se fasse sous vos pieds!

Construit dans les treizième et quatorzième siècles, ce château fut vendu à Régnier Pot, qui le fortifia. Ce seigneur de la Roche fut envoyé en ambassade vers le duc d'Aquitaine, Dauphin, par Jean-sans-Peur, ce fameux duc de Bourgogne, qui, le chaperon en tête et le casse-tête à la main, provoqua l'assassinat du duc d'Orléans dans la rue Barbette, à Paris, et fut lui-même assassiné plus tard, sur le pont de Montereau, par les ordres du Dauphin. Mais, revenons au message dont était chargé Régnier Pot : il s'agissait de supplier le duc d'Aquitaine « de reprendre sa femme qu'il avoit esloignée de soy, à l'appétit d'une sienne amye, que ledit Dauphin tenoit en lieu de sa femme, dont le duc (Jean-sans-Peur) se plaignoit grandement, pour le tort qu'il disoit estre fait à madame d'Aquitaine, Dauphine, sa fille, très belle et honneste princesse. »

Comme on le voit, la mission donnée à Régnier Pot n'était pas des moins délicates, et il fallait que l'habileté du comte de la Roche fût bien reconnue, pour que son seigneur et maître, le duc Jean, le jugeât capable de ramener le Dauphin à de meilleurs sentiments vis-à-vis de son épouse légitime, dont une maîtresse souillait alors la couche. Il s'agit en même temps, par ce message, « de prier ledit seigneur Dauphin de moyenner que la proscription et bannissement des cinq cents personnes qui, par le traité de la paix, étoient bannies de France, fût révoqué et annulé, et que tout fût pardonné d'une part et d'autre. »

Sept années plus tard, Régnier Pot, qui sous le duc Philippe n'avait en vue que de servir le roi d'Angleterre, fut chargé par Charles VI et la reine Isabeau d'accompagner le duc, et d'en recevoir le serment de fidélité au monarque anglais.

Là ne se borne pas la célébrité de la seigneurie de la Roche-Pot ; voici venir Jacques, fils de Régnier, lequel fit maintes prouesses et *vaillantises* au siège de Grancey, contre le perfide sire de Château-Vilain, qui ne rendit la place qu'au bout de trois mois de siège, le 15 août 1434.

Puis vient Philippe Pot, nommé par le duc Philippe, chef d'une ambassade vers le roi de France, pour lui exposer les raisons pour lesquelles il se disposait à châtier les habitants de Gand, et le prier de n'écouter ni appuyer les rebelles. On retrouve ce même seigneur de la Roche parmi les plénipotentiaires de Louis XI, à Sens, en 1477, lors des plaintes de Maximilien, époux de Marie de Bourgogne, au sujet de la violation de la trêve de Soleure et des prétentions du trop fameux compère de Tristan l'Ermite, de ce roi qui, par *gentille industrie,* fit empoisonner le duc de Guienne, son frère, priant la Vierge, *sa bonne dame, sa petite maîtresse, sa grande amie,* d'intercéder pour lui, et d'obtenir le pardon de ses crimes.

En 1480, Philippe Pot est, par Maximilien, rayé de l'ordre des chevaliers de la Toison-d'Or, et trois ans plus tard on le retrouve, pour la dernière fois, aux Etats-Généraux du royaume, convoqués à Tours, où il s'exprime avec beaucoup de force contre la prétention des princes qui soutenaient que la régence leur était due.

Guy Pot, qui vivait dans le même temps que son frère Philippe, eut de son côté l'honneur de porter au duc de Bourgogne, de la part de Louis XI, un écrit qui peint parfaitement l'hypocrisie du despote; en voici

un fragment : « Item et ne se doit point
« émerveiller monsieur de Bourgogne, si le
« roi lui fait remontrer toutes les causes
« par lesquelles il doit plus avant porter,
« soutenir et favoriser le roi que créature
« du monde ; car le roi connoît bien que
« mondit sieur de Bourgogne est le plus
« grand prince, le plus riche et le plus
« puissant, le plus renommé et le plus
« vertueux et vaillant de sa personne qui
« saillit par le passé à long-temps de la
« maison de France, et qui mieux peut
« secourir, garder et défendre la personne du
« roi, la hautesse de sa couronne, etc., etc. »

Une fois la famille des Pot éteinte, la seigneurie de la Roche passa successivement à Guillaume de Montmorency, Antoine de Silly, François Chabot, Charles d'Angennes, de Fargis, Legoux de la Berchère, et enfin à MM. Blancheton, qui la possédaient encore à l'heure où la plupart des castels féodaux faisaient place au grand niveau révolutionnaire.

Le village de la Roche-Pot, abrité au nord par les ruines célèbres de son château, ne s'émeut guères au souvenir historique de ces vieilles reliques des amateurs; et depuis qu'il s'est éveillé en sursaut, il y a de cela quelques années, au bruit confus des équipages et des curieux arrivés de tous les points pour assister au passage de la girafe envoyée à Charles X, et de la statue de Louis XIV envoyée à Lyon, il fait à peine signe de vie.

Nous ne passerons pas sous silence une anecdote singulière qui se rattache aux ruines du château, et qui a déjà causé la risée de bon nombre de nos compatriotes :

En 1828, un étranger, d'un extérieur avantageux, se présente chez le propriétaire du château et lui en offre six cents francs selon les uns, mille selon les autres. Certes, celui-ci, estimant son domaine plutôt sous le point de vue matériel qu'idéal, l'eût abandonné même à un prix infiniment moins élevé : aussi le pacte fut-il conclu sans difficulté. Nos deux personnages se rendent donc immédiatement chez le notaire, où la somme est comptée. Mais l'acquéreur, feignant d'obéir à une réflexion subite, demande que sur le contrat on veuille bien porter la somme à cinquante mille francs : des raisons personnelles le poussaient à cela.

Le vendeur, pour qui la chose était on ne peut plus indifférente, et qui se trouvait déjà fort heureux de la circonstance, n'alla pas à l'encontre de la demande. De son côté, le notaire, qui probablement ne voyait là qu'une innocente originalité d'antiquaire, et la perspective d'honoraires plus considérables, se prêta volontiers au caprice de l'étranger, qui, après s'être fait délivrer une expédition de l'acte, se rendit à Lyon et se présenta chez un notaire, demandant à emprunter à réméré, sur son domaine de la Roche-Pot, une somme de vingt-cinq mille francs.

L'estimable Lyonnais prit sur-le-champ des informations pour savoir si la propriété n'était pas chargée d'hypothèques; et après avoir été parfaitement rassuré sur ce point, comme bien vous pensez, il remit la somme à l'emprunteur.

Au jour du remboursement, ne voyant pas arriver son homme, il fit des frais assez considérables pour obtenir la mise en possession, et n'eut rien de mieux à faire que d'aller visiter son château.

Pauvre notaire! grand fut votre désappointement à la vue d'un domaine tout simplement riche en souvenirs, et sur lequel un homme sensé n'aurait certes pas prêté trente écus, vu la valeur intrinsèque des matériaux et les difficultés du charroi.

IV.

SAVIGNY.

C'est un village d'environ quinze cents ames, situé au nord-ouest de Beaune, dans le voisinage du magnifique vallon de la *Fontaine-Froide*. Les constructions de ce village ne sont ni pimpantes ni modernes, les rues ne sont ni très larges ni très propres; mais comme l'intérêt naît principalement des souvenirs, et que pour nous la beauté ne consiste pas entièrement dans le *badigeonnement* de maisons neuves bien alignées et bien espacées, nous dirons que Savigny est le village le plus remarquable, le plus digne d'observations qui soit dans notre banlieue Beaunoise. Nulle part ailleurs, on ne retrouve des poétiques adages gravés sur les murailles : ici, au-dessus d'une petite porte de cour, on prend plaisir à lire quelques vers latins où le vieil Horace semble envier le bonheur de l'homme des champs; plus loin, au-dessus d'une autre porte, ce sont les vertus du bon vin que l'on a célébrées en peu de mots; et tout auprès, sur une petite place, la facétie a inscrit sur la fontaine du village : *Nymphis loci. Bibe, lava, tace.* Outre que ces inscriptions portent le cachet d'une originalité piquante, elles inondent l'ame d'un parfum de poésie, que l'on ressent, mais que la plume ne saurait fidèlement traduire à l'aide de notre langue infirme.

Est-ce en cela que se résume tout entière la célébrité de notre village bourguignon? Non, certes : il possède encore un vieux manoir, muni de ses quatre tourelles, ceint à distance par une ample muraille, embelli par les fossés de rigueur et par un jardin assez gracieux. Ce château fut bâti en 1672, sur les ruines du donjon de Jean de Frolois, par le président Bouhier, qui, pour avoir oublié de proportionner les dépenses aux ressources, fut plus tard contraint de le vendre à la maison de Migieux, dont la branche mâle ne s'est éteinte que peu de temps avant notre grande Révolution de 89.

Les marquis de Savigny n'ont rempli aucun de ces rôles politiques qui éternisent la mémoire d'un homme, et la vie de la plupart d'entre eux s'est écoulée paisiblement dans ce manoir, au milieu de travaux scientifiques, de recherches sur les antiquités, et de bouteilles de bons vins : et plût au ciel que les autres seigneurs du vieux temps ne se fussent livrés qu'à d'aussi innocentes préoccupations! nous n'aurions pas à les maudire chaque fois que nos regards tombent sur l'anarchie féodale, comme sur la féodalité centralisée.

Le dernier des Migieux, Anthelme-Michel Laurent, dont une des filles, mariées à M. Richard de Montaugey, a été la mère de madame de La Loyère, avait été officier aux Gardes-Françaises, et mourut en 1783.

Si donc l'histoire du féodal manoir de Savigny nous offre quelque part un intérêt puissant, nous le devons à la duchesse du Maine, que le Régent fit saisir à Paris, après la découverte de la conspiration de Cellamare, et conduire dans la ville de Dijon sous bonne escorte. C'est à tort que d'aucuns affirment que le château de Savigny lui fut désigné comme lieu d'exil, car sa prison était à Dijon, non pas ailleurs; et si madame la duchesse vit se relâcher devant elle la plupart des rigueurs que comportent et la persécution et l'exil, c'est que le duc d'Orléans le voulut bien, l'ordonna même, et que le marquis Abraham-François de Migieux, seigneur de Chorey, Varennes, Vimpelle et la Trembleraye, eut la galanterie de lui offrir son domaine de Savigny pour maison de plaisance.

C'est bien là, dans ces appartements, à l'entour de ces murailles et le long de ces fossés, que nos aïeux ont vu se promener, sombre et pensive, cette vindicative petite-fille du grand Condé, qui ne pardonnait pas au Régent de l'avoir chassée de son royal appartement, où, dans un moment de fureur et pour opérer sans doute le déménagement d'une façon plus expéditive, elle n'avait pas laissé une seule glace entière.

A Savigny, la spirituelle et pétulante duchesse a dû bien des fois murmurer à voix basse ce fragment des Philippiques :

> Tandis que la mort et la crainte
> Assiègent tes persécuteurs,
> Fuis, princesse! sors d'une enceinte
> Ou d'assassins ou de flatteurs.

Elle pouvait à l'aise apprendre par cœur et des romans et des pièces de théâtre; elle pouvait haïr ouvertement le duc son époux, avec l'assurance d'être bien payée de retour par cet auguste bâtard de Louis XIV, qui de Dourlens écrivait à sa sœur : « Ce n'est « pas en prison qu'on devait me mettre, « mais m'ôter mes habits et me mettre en « jacquette, pour avoir consenti à me laisser « mener par ma femme. »

La longue et belle avenue de tilleuls, face à face du manoir de Savigny, les délicieuses prairies de la Fontaine-Froide, les douces ondulations d'un ruisseau dans son lit de tuf blanchâtre, les collines boisées qui dominent les sinuosités du vallon, une brise pure et fraîche ont pu distraire parfois Louise de Bourbon ; mais à toutes ces merveilles de la nature elle eût encore préféré celles de l'art, le fastueux palais de *Sceaux*, avec son dôme peint à fresque par Lebrun, avec sa galerie ornée des tableaux de Raphaël et de Vander-Meulen. A la société d'un modeste marquis de province assez peu lettré, elle eût préféré les poétiques réunions de Sceaux, ce rendez-vous élégant des Polignac, des Lamotte, des Voltaire et des Fontenelle.

Le château de Savigny, ses abords et ses environs, devaient être délicieusement impressifs : mais les impressions toujours produites par les mêmes objets, s'éteignent rapidement chez quiconque a besoin qu'elles changent incessamment de causes et de caractères. Après le château, la Fontaine-Froide, et après la Fontaine-Froide le château, voilà quelles étaient les choses récréatives pour une duchesse encore pleine de sève, habituée à nouer et dénouer d'amoureuses intrigues sous les bosquets de Sceaux, même à l'heure où son époux était retenu à Marly par une maladie grave; habituée à entendre un jour en petit comité la lecture des *mémoires* du beau cardinal de Retz, et le lendemain à comploter avec Albéroni, puis enfin à maîtriser rudement M. le duc, et à le mener en laisse, lorsqu'il n'eût pas demandé mieux, le pauvre homme, que de vivre en paix et de poursuivre sa traduction de *l'Anti-Lucrèce*. S'ennuyait-elle à Sceaux, vite madame la duchesse prenait la route de Paris, et *vice versâ*.

Ce n'est pas qu'à Savigny les honneurs lui fissent défaut; bien au contraire : l'obligeance de son hôte était inépuisable ; on satisfaisait ses désirs autant que possible. Mais il n'est pas de vrai bonheur en exil pour qui a été violemment arraché de sa demeure et ne cesse de couver en soi quelque projet de vengeance.

Toutefois, lorsque le duc d'Orléans eut dit à la duchesse du Maine : « Allons, madame, que tout cela soit oublié », Louise de Bourbon se rappela souvent son ancienne promenade de la Fontaine-Froide ; et le *Voyage Pittoresque en Bourgogne* rapporte qu'après son retour à Sceaux, en l'année 1719, on l'entendit s'écrier maintefois à ce sujet : « Ah ! que ne t'ai-je à Sceaux ! » L'ambitieuse femme, dont la vie avait été si pleine d'orages, désirait vivement unir le faste de la nature au faste de l'art, et c'eût été quelque chose de divin qu'un palais égaré dans la solitude enchanteresse du vallon de la Fontaine-Froide !

Si nous nous sommes longuement étendu sur le séjour de Louise de Bourbon au château de Savigny, si nous nous sommes longuement étendu sur la vie de cette princesse, c'est que, pour intéresser quelque peu à la description de notre manoir seigneurial, il fallait en même temps jeter le plus d'intérêt possible sur celle qui en fit son séjour. Un coup d'arquebuse, tiré par Charles IX, a rendu célèbre une fenêtre du Louvre; saint Bernard a rendu Cîteaux célèbre; Napoléon a illustré Sainte-Hélène : ce qui prouve que les choses offrent d'autant plus d'attrait que les personnages qui les rappellent sont eux-mêmes d'autant plus grands. Il fallait donc, pour ne pas rapetisser les souvenirs du château de Savigny, ne rabaisser en rien la duchesse du Maine et la présenter au public telle qu'elle fut et telle qu'elle doit être, sans ajouter ni retrancher à sa propre grandeur.

Nous devons dire, en terminant, que le château de Savigny possédait, il y a peu de temps encore, une magnifique collection d'antiquités; elle a été transportée à Lyon, où, dit M. Foisset, « l'on croit qu'elle est devenue la proie des brocanteurs. »

La cour et les jardins sont ornés d'inscriptions et de bas-reliefs représentant les druides et les divinités païennes trouvés, pour la plupart, à Bouilland et à Mavilly.

Dans l'*Histoire de Beaune* par l'abbé Gandelot, on voit que le château de Savigny fut brûlé par les religionnaires; mais il ne dit pas que ce château appartenait aux Corabœuf, autres seigneurs de Savigny, et que cet incendie ne se rapporte pas au château de la famille La Loyère dont il est question ici.

V.

La Colonne

DE

CUSSY.

Notre compatriote et savant antiquaire, Moreau de Mautour, fit paraître dans le *Mercure de France,* du mois de juin 1726, quelques observations précieuses sur la vieille colonne de Cussy. « Il est assez surprenant, dit-il, que de tous ceux qui ont décrit la France et ses antiquités, aucun n'ait jamais fait mention de cette colonne. »

Moreau de Mautour ignorait probablement que le fameux *Saumaise* eût vu ce monument vingt-cinq années avant sa naissance, et l'eût cru destiné à immortaliser une victoire de Jules César. Ainsi pensait encore un nommé Thomassin, employé en Bourgogne, lequel fit imprimer à ce sujet une lettre chez Arnaud-Jean-Baptiste Augé, à Dijon.

La colonne de Cussy s'élève au milieu d'un pré et dans une sorte de bassin encerclé de collines tantôt nues, tantôt boisées, et à environ une demi-lieue de distance du beau village d'Ivry. Pour quiconque n'est pas indifférent aux ruines mystérieuses de l'antiquité et se plaît à rêver à la vue d'œuvres humaines que seize ou dix-huit siècles n'ont pu entièrement écraser, la colonne de Cussy n'est pas un monument inconnu. Les nombreuses signatures dont sa robe noire est égratignée, témoignent assez que bon nombre de visiteurs viennent de temps en temps lui demander le secret de son origine, et s'enivrer de l'imposante poésie qui s'en exhale. En face de ces statues rongées par le temps, comme un cadavre par des vers, et de ce fût élégamment dressé, un sentiment indéfinissable vous prend à l'ame; on éprouve la fatigue de l'esprit qui hasarde quelques hypothèses pour tirer la vérité d'un profond mystère, et n'est jamais sûr de l'avoir trouvée : cette colonne est là, devant vous, comme une indéchiffrable énigme qui semble défier vos investigations. Mais le besoin de connaître finira sans doute, à force de se raidir contre d'incessantes difficultés, par toucher à quelque résultat positif.

L'opinion la plus répandue dans notre pays, c'est que les Suisses, après avoir traversé la Saône à Verdun, se firent massacrer par Jules César, proche le village de Cussy, et que la colonne dut être élevée par le général romain sur le champ de bataille, comme pour servir de mausolée à de nobles victimes.

Cette opinion, qui, nous devons le dire, ne manque pas de vraisemblance, se trouve vigoureusement combattue par celle de Moreau de Mautour, qu'il appuie du témoignage d'une quantité de médailles découvertes tant sous la colonne même que dans ses environs. Tétricus, que Pollion met au nombre des trente tyrans, ayant assiégé pendant sept mois la ville d'Autun, qui seule avait osé se déclarer contre les légions de la Gaule, l'écrivain beaunois cité ci-dessus suppose qu'au temps de ce siège, il n'est pas déraisonnable de croire qu'il dut y avoir une bataille livrée à Cussy, qui n'est distant d'Autun que de cinq lieues ; et d'ailleurs les ossements, les tombeaux de pierre, les médailles romaines du Haut et Bas-Empire, les figures de bronze représentant les dieux lares, trouvés en 1700 auprès du monument, le confirment dans son opinion.

En 1703, un magistrat fit creuser la terre au pied de la colonne, et l'on y découvrit, à 4 ou 5 pieds de profondeur, trois tombeaux de pierre, des ossements, des médailles de Gallien, de Claude-le-Gothique et de Tétricus, un fragment d'épée antique de la longueur de deux pieds, une garde de cuivre, des miroirs d'acier, etc., etc.

Moreau de Mautour rapporte ces trouvailles comme un fait certain, et nous aimons à le croire sur parole, bien qu'il n'affirme nulle part les avoir vues.

Malgré tout, l'origine de la colonne de Cussy n'offre pas autant de certitude qu'on le désirerait. Les *Commentaires de César,* pas plus que le *Panégyrique d'Eumène,* ne nous apportent le souvenir d'une bataille gagnée par Jules César, ou par Tétricus, dans le bassin de Cussy : et cependant, si cette bataille eût été assez importante, comme l'indiquerait le monument censé élevé sur la place en l'honneur de la victoire, nous devons croire que César n'aurait pas oublié de lui donner place parmi les événements de sa vie militaire dans les Gaules, et qu'Eumène en aurait dit quelques mots en parlant du siège d'Autun.

Toutefois, nous bornant à ces quelques observations que suggère le simple bon sens, et faisant abstraction de cet esprit d'incertitude accablante qui, peut-être, est préférable à la manie de vouloir tout approfondir, nous dirons que l'opinion de Moreau de Mautour, sur l'origine de la colonne de Cussy, nous paraît, sinon incontestable, du moins basée d'une manière plus satisfaisante que la première, et la fondation du monument nous semble devoir être attribuée au tyran des Gaules, au traître qui livra son armée à Aurélien, dans les plaines de Châlons-sur-Marne, plutôt qu'à César le grand capitaine.

A ceux qui désireront savoir ce que fut ce Tétricus, le passage suivant de Gibbon devra suffire : « Lorsque Tétricus, dirigé par
« les conseils de son ambitieuse bienfaitrice
« (la mère de Victorin), monta sur le trône,
« il avait le gouvernement de la tranquille
« province d'Aquitaine, emploi convenable
« à son caractère et à son éducation. Devenu
« maître de la Gaule, de l'Espagne et de la

« Bretagne, il fut pendant quatre ou cinq
« ans l'esclave et le souverain d'une armée
« licencieuse, qu'il redoutait, et dont il était
« méprisé. La valeur et la fortune d'Aurélien
« firent espérer à Tétricus d'être bientôt dé-
« livré du joug qu'il portait. Ce malheureux
« prince osa découvrir à l'empereur sa triste
« situation; il le conjura de venir au secours
« d'un rival infortuné. Si les légions de la
« Gaule eussent été informées de cette corres-
« pondance secrète, elles auraient probable-
« ment immolé leur général. Il ne pouvait
« abandonner le sceptre de l'Occident sans
« commettre un acte de trahison contre lui-
« même. Il affecta les apparences d'une guerre
« civile, s'avança dans la plaine à la tête de ses
« troupes, les posta de la manière la plus dé-
« savantageuse, instruisit Aurélien de toutes
« ses résolutions, et passa de son côté au
« commencement de l'action avec un petit

« nombre d'amis choisis. Les soldats rebelles,
« quoique en désordre et consternés de la
« désertion inattendue de leur chef, se dé-
« fendirent long-temps avec le courage du
« désespoir; ils furent enfin taillés en pièces
« dans cette bataille sanglante et mémorable
« qui se donna près de Châlons en Cham-
« pagne. »

Arrivons maintenant à la description de la colonne. Sa hauteur est de trente pieds; elle se compose d'un socle carré massif, aux faces légèrement concaves, et terminées aux angles par quatre pans coupés; d'un piédestal de forme octogone et surmonté d'une corniche en saillie; enfin d'un fût de deux pieds de diamètre, formé de plusieurs pierres, posé sur une plinthe à huit pans coupés, et offrant l'aspect d'écailles de poisson superposées dans sa partie supérieure, et de rhombes, dans lesquels il y a une rosette, à la partie inférieure. Le haut de la colonne manque; son chapiteau, d'ordre corinthien, qui était à la grange d'Auvenay, où il servait de margelle de puits, a été rapporté auprès du monument.

Le piédestal offre sur chacune de ses faces une figure en bas-relief, dont les formes ont grandement subi l'influence de l'âge. Ces huit figures mettent en désaccord nos antiquaires. Moreau de Mautour y voit Saturne avec les mains enchaînées, Hercule, Jupiter, Junon, Pallas, Hébé qui présente à manger à l'aigle de Jupiter, et ayant un casque en tête pour désigner qu'elle avait épousé Hercule; Adonis ayant un chien à ses pieds, et Vénus, distinguée par une coquille qu'elle tient dans chaque main. D'aucuns ont cru reconnaître dans le Saturne aux mains enchaînées un homme destiné à être victime, d'autres enfin un soldat captif. Hébé passe ailleurs pour une Minerve casquée, Vénus pour une nymphe. Il en est, enfin, qui ont cru retrouver parmi ces figures Ganymède et Bacchus.

Au milieu de ces différends, nous nous abstenons de tout jugement, pour cause d'incompétence.

En 1825, la colonne de Cussy fut restaurée par les ordres du Préfet de la Côte-d'Or, et on n'oublia pas d'immortaliser cet acte par une pierre commémorative.—Victor Hugo se plaignait que l'on balafrât Philibert Delorme (les Tuileries) au beau milieu du visage : nous pourrions dire, nous, que le Préfet de la Côte-d'Or a fait une tache à une robe de seize cents ans. Que l'on restaure avec précaution nos vieux monuments qui menacent ruine, c'est ce dont nous sommes loin de nous plaindre; mais qu'après avoir restauré un de ces monuments avec l'argent du peuple, un préfet aille faire parade d'une sotte vanité, inscrive le nom de son roi et le sien sur une tablette de pierre; et la boulonne sur un antique bijou, trop majestueux, trop imposant pour avoir besoin d'un masque, c'est ce qui répugne à quiconque sent battre en soi le moindre sentiment d'artiste.

VI.

Le Château

DE

LA BORDE.

Lorsque vous avez cheminé pendant une heure environ sur la route de Beaune à Sainte-Marie-la-Blanche, village à jamais célèbre par le crime du prêtre Delacollonge, et qu'ensuite vous déviez légèrement sur la gauche, vous apercevez, au sortir d'un petit bois de chênes, une longue et magnifique avenue de peupliers gigantesques et régulièrement espacés, qui vous conduit au château de La Borde. (Ces peupliers sont en vente à l'heure où j'écris.)

Nous savons que, le 1er novembre 1386, le duc Philippe, voulant entretenir la bonne intelligence qui était depuis long-temps entre les ducs de Bourgogne et les comtes de Genève, et engager ceux-ci à venir au secours de la Bourgogne dès qu'ils seraient mandés, donna en augmentation de fief au comte de Genève, son cousin, une somme de cinq mille livres pour acquérir des fonds et augmenter la terre de *Laborde-Reullée*, près Beaune : mais, du moins telle est notre opinion, il ne faut pas confondre cette terre avec celle dont nous décrivons le château. Le mot *Borde*, inusité de nos jours, signifiait autrefois, petite maison de plaisance ; et cette définition s'applique parfaitement, ce nous semble, à cette espèce de château mesquin, sombre, dégradé, lézardé, que l'on voit encore dans le hameau de Reullée, et qui appartient à M. Tartarin. D'ailleurs, si dans la donation faite par le duc Philippe, il se fût agi d'une *Borde* située à l'endroit où s'élève aujourd'hui le château dont nous parlons, tout porte à croire que l'on aurait employé la dénomination de La Borde-Muresanges, et non celle de La Borde-Reullée.

Pour nous, l'histoire du château de La Borde ne date que du XVIIe siècle, époque à laquelle il fut construit ; car la rareté des documents nous oblige à laisser dans l'oubli la maison de Vienne de Commarin, qui possédait cette terre avant M. Brulart. — Ce M. Brulart, homme de noble lignée, comme disent les gens titrés, descendait du fameux ministre de même nom, que le misérable Henri III congédia avec Bellièvre, Cheverny, Villeroy et Pinart, peu de temps avant la réunion des Etats à Blois, en octobre 1588. M. Brulart de La Borde était en outre premier président du parlement de Dijon, et fit ériger son domaine en baronnie, que ses descendants, au nombre de trois ou quatre, convertirent en marquisat. La vie des marquis de La Borde n'offre rien d'intéressant; et sans nous étendre sur des détails fastidieux et sans importance, nous dirons que le château de La Borde appartenait, avant la Révolution de 89, à M. de Vichy. Il paraîtrait que ce seigneur, ayant mis ses affaires en mauvais état, fit un jour au Roi l'offre de lui vendre son domaine bourguignon ; à quoi le Roi répondit : « Je n'ai que faire de votre manoir; mais adressez-vous à de La Borde, à qui cette offre, je crois, pourra convenir. » En effet, M. de La Borde, alors banquier de la cour, et père de M. Alexandre de La Borde, aujourd'hui aide-de-camp de Louis-Philippe, goûta la proposition de notre marquis de province, et acheta, fort cher du reste, nous assure-t-on, la propriété de M. de Vichy. Cela n'est pas surprenant : M. de La Borde, arrivé d'Espagne en France, où sa chance heureuse en affaires de banque l'avait pour ainsi dire naturalisé, manquait de ces titres de noblesse qui, au siècle passé, jouissaient d'une grande considération, et, en pareil cas, il ne devait pas y regarder de trop près avant de se parer d'une dépouille seigneuriale : et puis son nom allait on ne peut mieux à la chose.

M. de La Borde tomba victime de notre

grande Révolution, et son domaine est passé aux mains de ses descendants.

Au temps où fut construit le château de La Borde, la France était centralisée, et on n'avait plus à redouter les *pilleries* et *voleries* de guérillas à la solde de la haine et de l'intrigue; en conséquence il eût été fort inutile d'y creuser des casemates, de créneler les murailles et de les flanquer de tours; aussi le château de La Borde ne fut-il destiné qu'à servir de lieu de plaisance. A le voir, on eût dit naguère une miniature du palais de Versailles. Malheureusement les démolisseurs viennent d'y mettre la main.

Des fossés assez profonds entourent le château; l'herbe y croît sans être foulée, et, il y a de cela peu de temps, on y voyait bondir un chevreuil ou un cerf, nous ne savons au juste lequel, dont on aperçoit encore la cabane ouverte dans le mur des fossés.

Une vieille muraille de briques, lézardée par-ci, ébréchée par-là, et qui passe pour avoir deux lieues d'étendue, limite l'enceinte du parc. Ce ne sont plus, comme à Versailles, des promenades sablées, des arbres alignés et taillés avec art, des bassins ornés par des Neptune, des dauphins, des chevaux, des roseaux et des grenouilles en bronze; ici, tout est l'œuvre de la nature : un bois de chênes, de broussailles et de ronces couvre une grande partie du parc de La Borde; des mares de toutes dimensions et singulièrement profondes tiennent lieu de bassins; sur l'une de ces mares on voit s'épanouir la corolle dorée du nénuphar, sur l'autre c'est un lit de mousse soyeuse, qui en Laponie sert à faire des mèches de lampe, et qui chez nous, où il est assez rare de la rencontrer, pique la curiosité des amateurs en ce que ses ramifications, étroitement entrelacées sur une certaine épaisseur, forment bateau sur la mare et peuvent, sans se diviser ni s'engloutir, supporter un poids de deux cents livres au moins. — Le parc de La Borde est pour ainsi dire ouvert à tout visiteur; mais il est à croire qu'il n'en sera pas longtemps ainsi, maintenant que l'on s'occupe à le dénaturer.

Si vous demandez aux gens de l'endroit ce que le château offre de remarquable et quels souvenirs s'y rattachent, ils vous diront tout d'abord, ou du moins ils auraient pu vous dire il y a quelque temps, que le château de La Borde renferme autant de fenêtres *qu'il y a de jours dans l'année;* puis ils ajouteront que le Roi de France, à l'époque où la construction n'était pas encore terminée, ayant demandé ce château au seigneur du lieu, celui-ci répondit : « Sire, aussitôt la construction achevée, mon château vous appartiendra. — Mais comme c'était un homme d'esprit, poursuivront-ils, et un homme qui voulait tenir parole à son roi, il eut soin de ne jamais le faire achever. Il ne fallait qu'une pierre de taille pour lier le cintre de la porte d'entrée, et ce fut à dessein que cette pierre ne fut point posée. »

Cela manque en effet; mais nous ne sommes pas d'avis d'attribuer cette singularité à la grosse malice que l'on se plaît, par esprit de merveille probablement, à mettre sur le compte du baron Brulart.

Le calme de la mort et une tristesse imposante forment le caractère principal du vieux manoir, et de la sorte il a subi la destinée commune à tous les châteaux. Pour donner un peu de vie à ces repaires de l'opulence et de l'oisiveté, il ne faut rien moins que de l'or et toujours de l'or, qu'une société *choisie* et le droit de léser impunément les prolétaires. Mais les grandes fortunes ont été éparpillées par la Révolution de 89 : la société *choisie* ne se recrute pas facilement en province, si on tient à en exclure les roturiers parvenus; il n'est plus permis enfin de lancer les meutes à travers les petites propriétés, et de mettre de corvée les prolétaires du dix-neuvième siècle.

VII.

ARGILLY.

Si vous suivez, au milieu de la plaine, les rives herbues et sinueuses du *Muzin*, qui, avons-nous dit, prend sa source non loin du lieu où s'élevait jadis la redoutable forteresse des seigneurs de Vergy, vous arriverez au village d'Argilly, sis à environ une lieue et demie de la petite ville de Nuits.

Argilly est bien calme de nos jours, et sa laborieuse population ne se doute guère des souvenirs qui se rattachent au château du vieux temps que l'âge et les révolutions ne permettent plus de reconnaître. On retrouve bien encore une sorte de manoir qui dépasse de toute la tête les masures coiffées de paille qui l'avoisinent; mais ce manoir n'est, à vrai dire, que le suaire de l'ancien château, sous lequel la matière a disparu, et d'où il ne s'échappe plus que des souvenirs.

Le château d'Argilly appartenait aux ducs de Bourgogne; et bien souvent les seigneurs de Vergy, suivis de leurs valets et de leurs chiens de chasse, venaient y prendre leurs ébats en famille, après avoir fait une halte au *bourg* de Nuits.

Au temps de Duguesclin et au commencement du règne de Charles V, lorsque des bandes de pillards armés, de *Tard-venus,* soudoyés par l'Angleterre et par des petits seigneurs en querelle, infestaient la Bourgogne, et par leurs sanglantes exactions poussaient les habitants à fuir loin de leur pays, un capitaine de ces brigands, connu sous le nom de Guilloinpot, tomba sur le village d'Argilly à la tête de quinze cents cavaliers, et le château fut vigoureusement attaqué par sa bande. Guillaume de Baleurre, qui avait la garde de cette petite forteresse, ne put tenir longtemps, et le lundi de la seconde semaine de carême les portes de la basse-cour du château, des granges et des étables, furent brisées par les pillards, qui cependant ne purent pénétrer dans les riches appartements. Après avoir consommé tous les fourrages, et il ne fallut pour cela que cinq jours, Guilloinpot s'éloigna d'Argilly afin d'exercer ses *voleries* sur d'autres points, jusqu'au moment où Jacques de Vienne, seigneur de Lonvy et capitaine-général des gens d'armes de la province de Lyon pour le roi et le duc de Bourgogne, vint y mettre un terme. Battu aux environs de Beaune et fait prisonnier avec deux cents de ses hommes à peu près, le redoutable chef de brigands fut pendu, et ses compagnons d'aventures subirent aussi la mort, mais par des moyens différents.

Argilly était à peine délivré de Guilloinpot, qu'une nouvelle bande de cent vingt hommes l'envahit au mois de juillet de la même année et entra par force dans la basse-cour du château; mais elle ne put s'y maintenir que trois jours.

En l'année 1372, Jehan de Banvans fut nommé capitaine d'Argilly par le duc de Bourgogne.

En 1385, lorsque le roi de France et le duc de Valois, son frère, se disposèrent à faire un voyage en Bourgogne, le duc de cette province, voulant recevoir dignement ses royaux visiteurs, envoya le chevalier Jacques Serins, son maître d'hôtel, dans ses châteaux de plaisance, et entre autres à Argilly, pour qu'il ne manquât rien aux préparatifs de réception, surtout en fait de provisions de bouche.

C'est d'Argilly qu'est daté le traité conclu entre la ville de Besançon et le duc Philippe, par lequel celui-ci s'engageait, « tant pour lui que pour la duchesse sa femme et Jean son fils aîné, ou qui lui succéderait à la comté de Bourgogne, avec les recteurs, gouverneurs, habitants et communautés de la ville de Besançon, à les prendre tous sous sa protection, sauve-garde, leur promettant de mettre et maintenir en son château de Châtillon, près de leur ville, une personne à leur choix, à laquelle il donnerait plein pouvoir et toute son autorité. » De leur côté, les habitants de Besançon s'engageaient à payer audit duc une somme annuelle de cinq cents livres, monnaie de France. La date est du 23 mai 1386.

Le 24 septembre 1414, le duc de Bourgogne résidait à Argilly; et c'est de là qu'il écrivit au roi de France pour qu'il voulût bien lui permettre d'aller en personne se joindre au Dauphin pour combattre l'armée anglaise, qui venait de faire une descente en France et de mettre le siège devant Harfleur.

Voilà quels sont les faits les plus remarquables qui aient répandu la célébrité sur le château et le village d'Argilly, qui, malgré la centralisation opérée au profit du peuple par le tyran Louis XI, et l'extinction de la race ducale, conservèrent encore une certaine importance, car nous voyons quelque part dans *Expilly* qu'il y avait une justice royale à Argilly. Depuis ce temps la Révolution française l'a renversée, et notre village de la plaine, ce vieux rival de Rouvres par sa destination, n'offre plus rien d'antique et d'imposant. Sa splendeur d'autrefois n'existe plus que dans les souvenirs éparpillés sur les pages de nos historiens, et l'immense forêt qui l'ombrage du côté de l'orient n'a plus d'écho pour l'aboiement des meutes seigneuriales, ni pour le son du cor des piqueurs de palais.

MACÉDOINE.

Comme dans les environs de Beaune il devient impossible maintenant de trouver un monument ou un village qui à lui seul comporte assez d'intérêt pour la composition d'un fragment, nous donnons, sous le titre de *Macédoine*, une revue succincte de notre banlieue Beaunoise.

En commençant par la montagne, nous parlerons tout d'abord de Muresault, village bâti en quelque sorte avec un luxe de bourgeoisie sur le versant oriental de la côte en allant de Beaune à Châlon, et à une lieue et demie de cette première ville. — Dans le douzième siècle ce village était sous la dépendance d'Anceau de Montréal, qui avait épousé Sybille, fille du duc de Bourgogne Hugues-le-Roux; puis la seigneurie passa entre les mains de la famille de Grancey. Une portion du château fut achetée par Jean-le-Barrois, qui la vendit à Jean de Vienne, amiral de France; l'autre portion devint la propriété de Mille-le-Paillard et de Philibert-le-Paillard, président au parlement de Bourgogne. Ne serait-ce pas un de leurs descendants qui entreprit une histoire de Bourgogne, dont il ne put faire paraître que deux mauvais volumes, malgré les secours d'argent que l'on vota pour lui à ce sujet?

Ces deux seigneurs soumirent les habitants à des conditions si dures, si vexatoires, en échange de leur affranchissement, que tous ces malheureux serfs, excepté six familles, se virent contraints d'abandonner le village pour se soustraire aux exactions de ces deux misérables, qui, à leur tour, voyant les terres incultes, furent obligés de traiter avec les travailleurs en l'année 1404, de diminuer les trois quarts des échus et de réduire les capitaux. La portion du château appartenant à Jean-le-Barrois fut achetée dans le quinzième siècle par Guy Pot, seigneur de la Roche, et passa successivement dans les maisons de Montmorency, de Chabot et de Silly, de Legoux et Blancheton. La portion de Jean de Vienne fut aussi vendue, dans le même temps que la première, à Odo-les-Loups, de Mâlain. Maintenant elle doit appartenir à l'hôpital de Beaune, car nous ne sachions pas qu'il s'en soit dessaisi depuis la grande Révolution.

Le clocher de Muresault est un des plus remarquables de nos villages de province, et l'ancien hôpital qui s'élève à gauche de la route de Beaune à Châlon est un édifice d'un style architectural assez remarquable.

De là, dirigeons-nous vers Auxey-le-Grand. — Ce village possédait encore au commencement du dix-septième siècle un château fort, flanqué de quatre grosses tours, défendu par un fossé profond, un pont-levis et une enceinte de cent quarante pieds de long sur quatre-vingt-huit de large.

A peu de distance d'Auxey, en se rapprochant de Beaune, nous trouvons Vollenay et Pommard, célèbres avant tout par leurs vins de première qualité. La terre de Vollenay appartenait, dans le treizième siècle, au duc de Bourgogne et au baron d'Antigny; la fille de ce dernier vendit sa portion à Hugues IV, en 1250. Le château, où les ducs de Bourgogne venaient de fois à autres se reposer à la suite des tracas du gouvernement, servit dans la suite de lieu de réunion aux Calvinistes de Beaune.

On parle d'un volcan éteint dont on retrouve les traces aux environs de Vollenay. Ce n'est que pure hypothèse.

Pommard paraît avoir été le verger des ducs de Bourgogne, qui possédaient un château dans ce village. Il y avait à Pommard une léproserie, dont les biens ont été unis à l'Hôtel-Dieu en 1695. L'illustre maison de Pommard, connue dans l'histoire des onzième et douzième siècles, sort de ce village où elle avait un fief.

Avant de descendre dans la plaine, nous devons dire un mot de l'abbaye de Sainte-Marguerite. — Elle se trouvait auprès du village de Bouilland, dans un lieu de solitude et d'un aspect sauvage. Il ne reste aujourd'hui de cette abbaye que les trois pans de murailles de son église, abattue aux jours de notre première Révolution. Les restes de ce monument, posé au sommet d'un coteau d'une pente excessivement rapide, laissent encore deviner, malgré leur délabrement, la beauté d'architecture qui divinisait cette abbaye, soumise aux règles de Cîteaux. Là où s'agenouillaient autrefois les religieuses, on voit aujourd'hui ramper la ronce des forêts au milieu des débris de pierres de taille, et tout est sauvage et désert là où l'abbé de Cîteaux était jadis reçu avec une religieuse solennité parmi des jeunes femmes éloignées du monde.

Si maintenant nous jetons un coup d'œil sur la plaine, nous apercevons le village de Chorey, qui, par sa proximité de la ville, n'est en vérité qu'une succursale des faubourgs. Ce fut, à ce que l'on suppose, un lieu de dépôt pour les chars romains, lorsque Beaune était appelé *Minervie* : outre que le nom de *Carretum*, que portait autrefois Chorey, donne un certain crédit à cette hypothèse, le voisinage du *chemin ferré* (voie romaine) peut encore nous confirmer dans notre opinion, en faveur de laquelle milite grandement enfin la découverte de briques, d'antéfixes, de nombreux débris d'habitations, des urnes, des amphores, des médailles de petit et moyen bronze, des fragments de poterie et de larges tuiles employées par les Latins, recueillis dans la portion du finage qui forme le clos de M. le docteur Bard, et où s'élevait dans le moyen-âge un prieuré de Bénédictins dépendant de Moûtier-Saint-Jean, à la nomination du roi.

La terre de Chorey eut pour châtelaine, en 1371, Marguerite de Frolois, et passa dans le dernier siècle à la maison de Migieux, puis à M. de La Vienne.

Il n'y a de remarquable à Chorey que l'ancien château, œuvre mixte des XVIe et XVIIe siècles, dont rien ne compense la nudité, mais dont les diverses parties sont groupées d'une manière assez pittoresque. L'église de Chorey nous offre aussi un maître-autel en marbres d'Italie et de Saint-Romain, chef-d'œuvre d'un sieur Philibert Bidermann, qui est mort maître marbrier à Beaune.

A un quart de lieue de là se trouve Varennes, pour ainsi dire égaré au milieu des bois et à une lieue (est) de Beaune. Ce village touche au nord à cette célèbre voie romaine qui, sous Jules César, facilitait le transport des convois et la marche de l'armée entre le pays des Séquanais et celui des Eduens : on la nomme aujourd'hui *chemin ferré*. On a trouvé à Varennes un certain nombre de médailles antiques, qui pour la plupart ne sont pas tombées entre des mains d'amateurs, et des fondations qui laissent à supposer que notre village, si mesquin de nos jours, était autrefois assez considérable.

Maintenant dirigeons-nous sur un autre point. — A une lieue est-sud-est de Beaune, nous trouvons Combertault. Dans ce village fut fondée, au commencement du onzième siècle, l'abbaye de Saint-Hippolyte, pour un abbé et des Chanoines réguliers; ce qui fut approuvé par Robert, roi de France, en 1030. Cette abbaye passa ensuite aux Bénédictins, sous le titre de prieuré, qui dans le siècle dernier était en commende, à la nomination de l'abbé de Saint-Benigne. Le prieuré de Combertault fut un de ceux mis à contribution par le duc de Bourgogne, lors du pillage et des massacres organisés dans la province par les *compagnies*.

Nous pourrions encore citer l'abbaye de Mézières, et plusieurs autres localités; mais les faits qui s'y rapportent sont d'une insignifiance telle, que la plume se refuse à les retracer. Nous avons voulu en toute occasion émouvoir le lecteur en mettant de l'action et de la vigueur dans nos récits historiques : notre tâche est en partie remplie; et maintenant nous allons, sous le titre Variétés, donner une idée de la manière dont se pratiquait la torture en Bourgogne, dire quelques mots des Calvinistes, de la Fête des Fous, et donner une peinture de village moderne.

Variétés Historiques.

LA TORTURE
EN BOURGOGNE.

Pendant une matinée du dix-septième siècle, on voyait grouiller à la porte du palais où se tenait la cour souveraine, une foule nombreuse, parfois bruyante, parfois silencieuse, agitée par mille pressentiments, attentive aux bruits qui passaient de bouche en bouche, et grandement avide des délibérations de la justice. Il ne s'agissait rien moins que de la mise en accusation d'un jeune villageois du bailliage de Beaune, pour cause d'assassinat sur la personne de son épouse; et c'était à qui le maudirait avec le plus d'aigreur, répandrait sur lui calomnies sur calomnies, et annoncerait à l'avance sa condamnation à mort. Telle fut de tout temps la destinée de l'homme malheureux : un grand nombre l'accablent, mais peu lui tendent la main.

Les témoignages à charge ne faisaient pas défaut : il était avéré que l'infortunée victime avait été maltraitée rudement par son mari le jour même de sa disparition, et que celui-ci, probablement pour échapper aux recherches de la justice, avait passé la nuit ailleurs que dans sa maison. Toutefois, depuis son arrestation, l'accusé n'avait pas cessé de nier l'action meurtrière à lui imputée, et les juges allaient le mettre à la torture pour obtenir un aveu satisfaisant. C'était donc le dénouement de ce drame qu'attendait la foule avec tant d'anxiété.

Notre villageois était un homme vigoureusement taillé, aux sourcils épais et à la face brunie. Il semblait qu'une poignante douleur morale donnât à ses traits quelque chose de sévère, de rude même ; son regard sombre se promenait avec une sorte de dédain sur les juges qui le précédaient et les sergents du palais qui l'accompagnaient étroitement jusqu'à la *chambre des tortures*.

C'est ainsi que l'on nommait un cabinet à demi-ténébreux et d'une froide nudité. La lumière n'y pénétrait que par une étroite fenêtre grillée, donnant sur une ruelle et sur les toits de quelques vieilles masures, aux lucarnes desquelles étaient appuyés nonchalamment toute sorte de curieux, impatients de saisir les plaintes amères qu'arrachaient d'habitude les hideux appareils de la question. La porte du cabinet offrait un aspect digne de sa destination : de larges bandes de fer rouillé s'emboîtaient lourdement dans les gonds, et se mariaient aux planches de chêne à côté de deux verroux. L'intérieur de la *chambre* n'était guère plus séduisant que l'entrée : un escabeau renversé au milieu, à droite un seau d'eau mal cerclé et une petite table aux pieds tors, et à gauche deux pierres grises munies de boucles de fer, des cordes et une poulie pour hisser le torturé, composaient l'ameublement du lieu. Quatre juges, un secrétaire, un barbier, les sergents du palais et un bourreau, formaient la société du meurtrier.

Ce malheureux, quoique d'une constitution robuste, ne put tenir à la vue de cet attirail des tortures; sa tête tomba pesamment sur sa poitrine, une larme involontaire ruissela de ses paupières, son visage pâlit, et il serait roulé sur la dalle si le barbier ne l'eût saisi à bras-le-corps, tandis que le bourreau lui promenait sur la face un chiffon de toile grise trempé dans l'eau froide. C'était en décembre.

Lorsqu'au bout de quelques minutes l'accusé eut repris ses sens et un peu de force :

— Avouez-vous avoir donné la mort à votre femme? murmura froidement un juge, pour qui cette sorte de spectacle paraissait être chose indifférente.

— Ne vous ai-je pas dit vingt fois, Non! répliqua sévèrement le jeune homme.

Et le bourreau roulait déjà entre ses doigts une pelote de grosse ficelle, comme s'il eût été impatient de se mettre à l'œuvre, lorsque l'homme de la justice continua :

— Persistez-vous à nier ?

L'accusé haussa dédaigneusement les épaules, lança un regard de fureur autour de lui, et tira de sa poitrine un de ces soupirs accablants que la langue humaine ne peut traduire, tant l'expression y est significative !

Alors fut donné le signal de la torture.

Le bourreau saisit l'accusé par le milieu du corps, le posa sur l'escabeau renversé, lui lia solidement les mains derrière le dos et les orteils à chacun des anneaux de fer soudés aux deux pierres.

— Comment et pourquoi avez-vous fait mourir votre femme, et qu'est devenu son cadavre ? reprit le juge pour la troisième fois.

Le patient ne répondit mot, car en ce moment il cherchait le moyen de se dérober à l'attouchement du bourreau et du barbier, dont l'infamant ciseau grinçait entre ses cheveux, mais en vain ; et ses muscles avaient beau se tordre, et son regard flamboyer, de vigoureux poignets appliqués sur ses épaules brisaient jusqu'au moindre effort.

Les préparatifs terminés, la masse de chair destinée à la *question* fut levée debout, et une vieille poulie cerclée de fer, sur laquelle passait une corde de chanvre de moyenne grosseur, fut mise en jeu par l'exécuteur.

La hauteur que devait parcourir le supplicié était divisée en *crans;* et libre aux juges, dans le cas où l'accusé ne voudrait rien confesser, de restreindre ou de prolonger la durée des souffrances.

Notre malheureux jeune homme touchait à peine au second *cran*, qu'il poussa un épouvantable cri, et le bourreau s'arrêta un moment.

— Persistez-vous toujours à nier?

— Innocent! innocent! fut la seule réponse du torturé.

— Continuez! grommela sourdement un des juges, en faisant un signe de main à l'impitoyable exécuteur.

La poulie roula de nouveau sur elle-même avec un grincement indéfinissable, et le corps se tendit d'une effroyable façon, et les membres craquèrent comme si les tendons se fussent brisés tous à la fois.

Le visage du malheureux torturé devint pâle comme un suaire, ses dents claquèrent de douleur, son regard s'éteignit sur-le-champ, un lourd et pénible frisson s'élança de la tête à ses pieds, et ce fut à peine s'il put trouver assez de souffle et de force pour laisser tomber de ses lèvres ces dernières paroles :

— Oui, je l'ai assassinée !!

A ce lugubre son qu'attendait la justice, le bourreau lâcha la corde; les orteils saignants et meurtris du supplicié furent détachés des anneaux de fer; ses bras engourdis furent séparés l'un de l'autre; le linge humide égoutta sur sa face blême, afin de le guérir du *mal de cœur*, et un médecin d'office vint lui palper les membres et s'assura qu'il n'y avait ni cessation de la vie, ni dislocation dangereuse.

Tout le temps qu'avait duré cette atroce question, un secrétaire du palais, posé en homme d'importance devant sa petite table aux pieds tors, avait recueilli fidèlement l'interrogatoire et les réponses pour les consigner sur une large feuille de papier. Il avait observé chaque mouvement, il avait entendu des soupirs, puis des plaintes, puis des cris, sans perdre un moment de son inertie morale, de son insolente impassibilité.

Le torturé faisait à peine signe de vie, quand les sergents, le bourreau et le barbier le transportèrent lentement jusqu'à sa prison à travers de longs et tortueux corridors. Un lit était préparé pour le recevoir, et le médecin ne le quitta de la nuit.

Il s'agissait de le rendre à la santé, avant de l'envoyer pourrir à une potence, et servir d'exemple édifiant à qui serait tenté de dévier de la bonne voie.

Heureusement le temps de sa convalescence

fut assez long, et de nouvelles informations vinrent le tirer de ce mauvais pas. La cour souveraine apprit, au bout de quelques jours, que le pauvre villageois, bien loin d'avoir fait une victime, l'avait été lui-même de l'infidélité de sa femme, qui après avoir été maltraitée vertement au logis conjugal, n'avait rien trouvé de mieux à faire que de chercher un refuge chez le fils d'un seigneur, à une lieue de là, où elle se tenait cachée, tandis que son époux était soumis à la torture par ordre de justice. (*)

(*) Pour ne point faire mentir le titre de notre livre et prévenir le blâme de la critique, nous devons dire au lecteur que pour dépeindre la torture telle quelle, et donner du nerf à la description, nous avons dû recourir à une fiction, du reste plus que vraisemblable; car si l'aventure du paysan rapportée par nous est mensongère relativement à la

Bourgogne, il n'en est pas moins vrai qu'un adversaire de la *question* s'en est servi comme d'un puissant argument, ce dont on peut s'assurer en parcourant l'article *question* dans la grande Encyclopédie. Si donc, pour mettre en relief une méprisable coutume de nos aïeux, nous nous sommes servi d'une pure fiction, de formes fabuleuses, c'est qu'il nous a paru impossible d'arriver par une autre route au but que nous nous étions proposé.

LES CALVINISTES

A Beaune.

Les sectaires de cet homme intolérant et exclusif qui à Genève fit brûler Servet, vinrent s'établir à Beaune vers le milieu du seizième siècle, et tinrent leurs assemblées dans une grange du faubourg Bretonnière, près de laquelle ils eurent aussi leur cimetière. Comme alors ils étaient en petit nombre, les Catholiques ne manquèrent pas de leur faire subir vexations sur vexations. Il y eut de part et d'autre quelques rixes, et les Religionnaires, soumis à la loi du plus fort, se virent, les uns dépouillés de leurs biens et jetés en prison, les autres condamnés à l'amende et au bannissement. Cette conduite blâmable envers des malheureux, qui peut-être à la place des Catholiques eussent agi de même, dura jusqu'à ce que la réception d'une lettre de Charles IX, écrite du camp de Rouen au mois d'octobre 1562, vint y mettre un terme.

Mais, peu de temps après le passage de la cour à Beaune, les Calvinistes ayant été avertis des entrevues secrètes de Catherine de Médicis avec le duc d'Albe, ministre d'Espagne, et soupçonnant avec quelque raison les projets liberticides de cette femme, qui plus tard devait organiser le massacre de la Saint-Barthélemi, et mettre entre les mains de son fils une arquebuse, pour lui apprendre à faire la chasse aux hommes comme à des bêtes fauves; les Calvinistes, disons-nous, épouvantés par un juste et sombre pressentiment, firent à la hâte des préparatifs de résistance et se tinrent sur leurs gardes.

Tout d'abord, voici venir un de leurs ennemis, riche seigneur de la province, qui, pour faciliter un emprunt royal, fait taxer les Religionnaires Beaunois à quinze mille livres. Ceux-ci indignés de tant d'injustice s'y refusent formellement, et aussitôt la prise de corps est décrétée contre les plus riches d'entre eux; on les écroue au château et on vend leurs biens.

Ces procédés mis en œuvre par les Catholiques produiront de fâcheux résultats : les Calvinistes iront frapper aux portes du commandant de place, du maire et des échevins, pour obtenir la mise en liberté de leurs coreligionnaires ; mais, renvoyés brutalement de toutes parts et désespérant d'obtenir justice, ils n'auront rien de mieux à faire que de rendre vengeance pour vengeance et mépris pour mépris.

Une trame fut donc ourdie au mois d'août 1567, et le commandant du château en ayant été averti, il enjoignit aux habitants de garde sur les remparts et aux portes de la ville de se tenir prêts à marcher au premier coup de tambour et sous peine de la vie ; il défendit en outre aux Calvinistes de se réunir dans leur grange de la Bretonnière ; ce que sachant, et d'ailleurs las d'être gardés à vue, nos Réformés prirent la résolution de quitter la ville le jeudi 25 septembre, de s'armer dans les campagnes, d'opérer une jonction avec l'armée des Protestants de Casimir, de marcher sur Beaune, de saccager la ville et d'égorger les habitants, comme il arriva dans la petite ville de Nuits. Le comte de Tavannes, instruit de ces manœuvres, écrivit en ces termes au roi de France : — « Sire, ces jours passés, ceux de Beaune de la nouvelle religion sortirent de la ville, principalement les gens à cheval, et allèrent prendre les armes qui étaient aux champs. »

Le nombre des émigrés pouvait être d'un mille environ; mais les confédérés auxquels ils avaient demandé secours contre les Catholiques, n'ayant pas jugé à propos de se mettre à portée des arquebuses et des canons du château de Beaune, leur position devint par cela même des plus embarrassantes; il fallait, ou qu'ils portassent quelque part leur industrie, en renonçant à leurs projets de vengeance, ou qu'ils se missent dans les rangs de l'armée de Condé pour se repaître de pillage.

Heureusement pour eux, un édit du 23 mars leur permit de rentrer dans la ville après six mois d'absence; et cette fois, pour obtenir dans la suite plus de chances de succès, ils grossirent considérablement le nombre de leurs ouvriers, qui se munirent secrètement d'armes pour eux et leurs patrons, et en outre ils entretinrent avec Genève des correspondances suivies.

Le dimanche avant l'Ascension, un étranger arrivant de cette ville, et chargé d'une lettre pour le ministre calviniste d'Oisy, entra aux Buttes et s'adressa pour connaître le domicile dudit pasteur à la première personne qui se trouva sur son chemin.

Ce fut un nommé Bonnefond, sergent de la Mairie, rusé matois s'il en fut, et pour le moment en assez mauvaise intelligence avec les Religionnaires.

Notre sergent accueille l'étranger avec beaucoup d'égards, et pousse la politesse jusqu'à lui servir de guide.

Au bout de quelques minutes, l'étranger voyant s'ouvrir la porte du château, fit quelques observations, qui cessèrent du moment que le sergent lui assura que c'était là précisément que logeait le ministre calviniste.

Le commandant averti d'une pareille visite, et persuadé qu'avec sa physionomie et son costume militaire il lui était impossible de remplir le rôle de d'Oisy, en chargea son secrétaire, qui s'en acquitta on ne peut mieux.

L'étranger, qui n'était pas tenu de connaître le signalement du ministre d'Oisy, et ne le connaissait pas en effet, donna dans la comédie avec une naïveté toute singulière, et tira de sa poche la correspondance dont il était porteur. Toutefois il ne tarda pas à s'apercevoir de la rouerie du sergent et du secrétaire, lorsqu'il se vit escorté par des hommes d'armes dans un petit cabinet aux épaisses murailles, ne recevant de lumière que ce qu'il en fallait pour découvrir un lit de paille et une cruche d'eau.

Le pauvre diable, qui certes était bien loin de s'attendre à pareille réception, ne savait qu'augurer de sa position, fort peu tranquillisante du reste.

Dans la lettre saisie, on marquait à d'Oisy pour la troisième fois — « de mettre ordre que tous ses confrères fussent armés le jour de l'Ascension, pour charger les habitants de la ville de Beaune, tandis qu'ils seraient au sermon, les tous massacrer pour la glorification de leur église et se rendre maîtres de la ville. »

L'événement ayant été tenu secret, on fit venir des campagnes, pendant la nuit du mercredi au jeudi suivant, des hommes armés qu'on logea partie dans le château, partie dans les faubourgs; et lorsque le lendemain, jour de l'Ascension, et une demi-heure avant le sermon, l'on vit entrer sur quatre rangs, officiers en tête, cette multitude de soldats improvisés qui vinrent se ranger en bataille devant la Maison-de-Ville, Catholiques et Calvinistes éprouvèrent la même surprise.

Le sieur de Vantoux, qui commandait cette milice, fit venir le lieutenant-civil, chef des Calvinistes, et lui reprocha publiquement : « qu'il n'avoit pas tenu à lui et à ses confrères qu'on ne renouvelât à Beaune les Vêpres Siciliennes; qu'il savoit le complot, mais qu'il y mettroit bon ordre. »

On ne sait pas ce qu'il advint du messager captif au château, mais il est probable qu'il fut du nombre des neuf cents ouvriers étrangers contraints de prendre la fuite, après avoir rendu leurs armes sur la place de la Maison-de-Ville.

Toutefois, il restait encore à Beaune un assez grand nombre de Religionnaires et de prosélytes indigènes, qui un peu plus tard firent une nouvelle tentative. Le capitaine Lépine s'était chargé d'introduire un détachement de l'armée du duc d'Alençon dans l'enceinte de la ville et du château ; en conséquence, il avait gagné le meunier du moulin Monneau, qui devait retenir les eaux pendant la nuit et lever les grilles, de façon à faciliter l'entrée furtive de l'ennemi. Mais le complot ayant été découvert à temps, le susdit meunier fut pendu, le capitaine Lépine eut la tête tranchée et exposée pendant deux ans devant la Maison-de-Ville.

Bien que chaque tentative fût déjouée, chaque trame découverte, la peur n'avait pas moins gagné toutes les cervelles ; il n'y avait plus de sommeil, de tranquillité possible ; le cauchemar était partout. La nuit, les bourgeois étaient de garde sur les remparts, aux portes de la ville, et on avait même poussé la vigilance jusqu'à faire construire une espèce de niche au-dessus de l'ancien clocher de Notre-Dame, pour y placer un guetteur qui pût observer facilement les environs de la ville et prévenir toute attaque imprévue.

Dans la suite, les Calvinistes ne s'occupèrent que de leurs fabriques, et la révocation de l'édit de Nantes par Louis XIV n'eut d'autre résultat que la ruine de l'industrie manufacturière à Beaune; ce dont elle se fût certes bien passée dans un temps où la philosophie et le bon esprit des nations commençaient à faire justice des querelles de religion. Qu'est-il résulté du bannissement des Calvinistes hors de notre ville et des frontières de France ? C'est que deux cents familles proscrites nous ont à jamais déshérités des fruits d'un labeur qui eût fait de Beaune une cité grande, riche, animée.

UNE EXÉCUTION

EN 1473.

PHILIPPE-AUGUSTE s'étant mis à la fenêtre de son palais pour voir couler la Seine, le hasard voulut qu'une charrette passât au même instant, laquelle remua tant d'ordures et de boue, qu'une bouffée d'odeurs infectes monta au nez du roi et lui donna un si grand mal de cœur, qu'il ordonna sur-le-champ le pavage des rues. C'était au commencement du treizième siècle.

Nous ne savons si le pavage de la ville de Beaune est antérieur ou non à cette date ; mais ce que nous savons fort bien, c'est que notre petite et gracieuse cité ne fut jamais aussi sale que Paris. Toutefois, nous devons dire que dans toutes deux, et dans beaucoup d'autres villes encore, on voyait circuler librement un nombre infini de porcs, qui du matin au soir se vautraient sur les tas d'ordures étalées, sans que messires les prévôts s'en alarmassent le moins du monde. A Paris, ces animaux grouillaient en plein jour devant les portes et dans les carrefours, malgré les ordres donnés par Louis-le-Gros, dont le fils avait été renversé de cheval et était mort des suites de la chute, tout cela par la faute d'un cochon qui avait épouvanté sa monture.

Ce ne fut qu'environ quatre cents ans plus tard, que le bourreau fut chargé de veiller sévèrement à ce que les porcs eussent à se retirer de la voie publique; et toute bête de l'espèce (celles des religieux de St. Antoine exceptées, et marquées à l'oreille crainte de méprise), empoignée en flagrant délit, était aussitôt traînée à l'Hôtel-Dieu pour subir la peine capitale, et le bourreau héritait de sa tête.

Ainsi, nous voyons qu'à Paris ce fut la mort d'un fils de France qui causa les premières persécutions dont les porcs furent l'objet. A Beaune, il n'en fut pas de même; les persécutions ne furent exercées contre les porcs qu'à la mort d'un enfant mangé au *bers* (berceau) par l'un d'eux, en l'année 1473. Le fait est rapporté par Courtépée.

L'infanticide animal fut mis en jugement, et par suite traîné sur une place de la ville pour y être pendu. Nous ignorons quelles étaient en pareil cas les formalités de procédure et d'exécution ; seulement, nous voyons dans la *Coutume de Bourgogne* que les cochons déclarés coupables de meurtre étaient condamnés à être pendus par les pattes de derrière.

Les détails sur ces sortes de folies du temps passé sont excessivement rares, et nous imaginons ne pouvoir mieux faire que de soumettre aux regards de nos lecteurs, ceux publiés naguère, dans le *Musée des Familles*, par un spirituel élève de l'Ecole des Chartes, M. Eugène Nyon, et relatifs à l'exécution d'une truie dans la ville de Meulant, en 1403 :

« Attestation du lieutenant, du bailly de Mantes et de Meulant, des frais et dépens faits pour raison de l'exécution d'une truie, qui avoit dévoré un petit enfant, et ce par l'ordre et commandement dudit bailly et du procureur du roy. »

« A tous ceux qui ces lettres verront : Simon de Baudemont, lieutenant à Meulant, de noble homme mons. Jehan, seigneur de Maintenon, chevalier, chambellan du roy, nostre sire, et son bailly de Mantes et dudit lieu de Meulant, salut. Savoir faisons, que pour faire et accomplir la justice d'une truie qui avoit dévoré un petit enfant, a convenu faire nécessairement les frais, missions et dépens cy-après déclarés; c'est à savoir : pour dépense faite par elle dedans la geôle, six sols parisis; *item,* au maistre des hautes œuvres, qui vint de Paris à Meulant faire ladite exécution, par commandement et ordonnance de nostre dit maistre le bailly et du procureur du roy, cinquante-quatre sols parisis; *item,* pour la voiture qui la mena à la justice, six sols parisis ; *item*, pour cordes à la lier et hâler, deux sols huit deniers parisis; *item*, pour gants, deux deniers parisis : lesquelles parties font en somme toute, soixante-neuf sols huit deniers parisis. Et tout ce que dessus est dit, nous certifions être vray, par ces présentes scellées de nostre scel ; et à greigneur confirmation de ce, y avons fait mettre le scel de chastellenie dudit lieu de Meulant, le quinzième jour de mars, l'an 1403. Signé *de Bonville,* avec paraffe. Et au-dessous est un sceau de ladite chastellenie de Meulant. »

Ce titre suffit, ce nous semble, à donner une idée à peu près juste de ces exécutions de porcs, si étrangement stupides, que le simple bon sens s'obstine à vouloir les désavouer.

Entre les deux exécutions que nous avons citées, il y a cette différence seule, que le porc de Meulant eut la tête tranchée, tandis que le porc de Beaune fut pendu. Si les moyens diffèrent, le résultat n'en est pas moins le même.

UN VILLAGE

DANS LA PLAINE.

Éloignons-nous de la ville et des grandes routes, car les villages que l'on y rencontre ont perdu leur caractère primitif et les charmes de leur vieille poésie : la coquetterie s'y est nichée, la *civilisation* y a pris pied ; les types, les races se sont mêlés, confondus, dénaturés ; de chacun de ces villages la bourgeoisie bâtarde a fait sa Capoue, et la débauche sans façon sa succursale des faubourgs. Ce ne sont plus, à vrai dire, que des localités détachées de l'ensemble, qui cherchent à se donner des velléités de bon ton, et renient la simplicité morale et matérielle comme choses de mauv as goût.

Que si vous tenez à observer un village de la plaine où notre époque de décadence n'ait pas encore apposé son ignoble sceau, allez quelque part à l'ombre des forêts, ou sur le bord des mares, et là vous apercevrez des huttes gâchées de glaise, des masures coiffées de chaume noirci, moussu, éparpillé par les vents, des hommes que la science des roueries n'a que peu ou point gâtés, tenaces dans l'amitié comme dans la haine, et simples dans leurs manières; là vous trouverez, au sortir d'un âpre labeur, une seule journée de plaisir par semaine, mais de plaisir naïf, gracieux, sans orgie pour dénouement, et où s'effacent et s'oublient les peines de la veille. L'influence matérielle n'y ravale point la dignité de l'homme, et l'habitant de la chaumière n'est humilié ni écrasé par qui possède hébergement de premier ordre sans hypothèques sur la tête, ni crevasses sur les flancs.

Aux jours de fête, les jouissances sont variées : ici, cliquettent les petits verres à côtes à chaque libation, et des hommes aux physionomies ravissantes conversent bruyamment, les coudes appuyés sur une longue table avinée; ailleurs, sur la place ou le long d'un chemin, les quilles s'abattent et la boule bondit par-dessus la butte; ailleurs enfin, la danse a ses folâtres partisans, ses frénétiques amateurs : l'aire trouée d'une modeste grange ouverte à deux battants, vaut bien le parquet d'un fastueux wauxhall; on s'y gaudit à l'aise sans la gêne de l'étiquette, ni la gaucherie prétentieuse des manières, ni la fausse pruderie, jusqu'à ce que le déclin du soleil vienne en chasser nos gentilles villageoises.

Après la poésie riante, vient la poésie grandiose du village : poésie mélancolique comme le frôlement des feuilles d'automne sur la terre dépouillée; poésie puissamment impressive, comme la voix éteinte de Gilbert sur un lit d'hôpital, et que résument l'église et son cimetière : c'est là seulement que l'âme embrasse la plénitude de l'idéalisme. Un bel édifice gothique aux colonnettes fuselées, à l'ogive gracieuse et à la robe brunie, dont les siècles ont revêtu ses formes, traduit admirablement la poésie religieuse. L'art se divinise en quelque sorte; mais l'église du village, avec ses piliers dégradés, son humble chapiteau de bois vermoulu, son aiguille d'ardoises, sa cloche fêlée et son cadran solaire; l'église de village, simple, nue, dénuée de rosaces, de vitraux et de toiles peints, seule au milieu des morts, comme un vaste mausolée qui couvre de son ombre toutes les sépultures, qui indique à l'homme le coin de terre où se dénoue tôt ou tard le drame de la vie, qui recueille la silencieuse prière, cet éternel reflet des souffrances d'une humanité chétive qui depuis bientôt six mille ans se roule de douleur sur l'écorce d'une planète, se dévore et se renouvelle, cheminant dans les ténèbres, sans lumière ni boussole; l'église de village, disons-nous, traduit mieux encore la pensée religieuse que ne le fait la majesté de l'art. Et puis l'église perd grandement en mystérieuses impressions si elle n'a ses bases sur des os blanchis, sur des débris de cercueil, dans un cimetière entouré, comme au village, de haies vives et de ramée, planté de croix noires égarées dans les touffes d'herbe, couvert de deux ou trois pierres tumulaires sur lesquelles le temps a déposé sa rouille jaunâtre. Ce n'est point, comme dans nos grandes villes, un terrain que l'on morcelle, et où l'on spécule sur les dimensions d'un cadavre; on n'y voit point de ces allées de sable, de ces berceaux feuillés, de ces fleurs embaumées, de ces monuments de bronze et de marbre, qui font du *Père La Chaise* (à Paris), une délicieuse promenade, à laquelle il ne manque plus que des guinguettes et des bals en plein vent pour l'agrément des citadins.

Notre cimetière de village est, au contraire, majestueux de simplicité; et côte à côte du tertre qui s'affaisse et où repose l'indigent, on ne voit pas s'élever de mausolée qui semble donner un démenti à cette grande vérité, que « tous les hommes sont égaux à cinq pieds sous terre. » Là tout se nivelle, et la simple tombe du propriétaire disparaît dans l'herbe comme la simple croix du pauvre.

Tant de poésie n'est cependant pas sentie par nos villageois; car le sentiment de l'homme ne se développe qu'avec l'intelligence, et cette intelligence n'est que peu cultivée dans nos campagnes. Est-ce un bien ou un mal? L'un et l'autre. C'est un mal en ce sens que le bonheur des peuples tient à leur éducation; et c'est un bien, parce que de deux choses l'une : ou l'homme qui réfléchit est victime de ces pensées poignantes que suggère notre fausse civilisation ; ou bien, reniant les devoirs de la conscience, il applique souvent la science au détriment d'autrui.

LA FÊTE DES FOUS.

Nous ne savons au juste si la Fête des Fous célébrée à Beaune était une copie des cérémonies dijonnaises ou autunoises, et, dans cet état d'incertitude, nous ne croyons pouvoir faire mieux que de donner alternativement la description de la Fête des Fous à Dijon, et celle de la Fête des Fous à Autun.

Cela se pratiquait pendant l'Octave des Rois, et vers le milieu du quinzième siècle. On voyait alors le *populaire* se porter en foule du côté de la collégiale; des hommes pris de vin, avec leurs femmes sous le bras, couraient les rues en chantant et blasphémant à gorges déployées contre les maudits pourceaux qui de distance en distance leur barraient le passage en se vautrant sur les immondices. Des vieillards aux visages enluminés, types introuvables de nos jours, des femmes ayant à leurs côtés des bambins qui se gaudissaient à se tordre; des notables, enfin, qui craignaient d'être insolemment froissés par les manants sur la voie publique, étaient restés ce jour-là dans leurs maisons de bois. Tous assis sur des siéges aux pieds tors, et la tête avidement courbée, ils observaient avec une joie soutenue, délirante, indéfinissable, les groupes qui passaient et repassaient dans la rue.

Ces ribauds de province allaient assister à la Fête des Fous.

On voyait sous le porche de l'église quatre planches hissées sur des tonneaux vides, et au-dessus était assis, sur un chétif escabeau, un homme de cinquante ans environ, à l'abdomen volumineux outre mesure, au visage d'un sérieux ravissant, les bras pendants, les jambes indolemment croisées, un sale torchon sur l'épaule droite, les cheveux plus que négligés et le regard plein de suffisance. C'était M. le Préchantre, qui attendait fort patiemment que M. le Vicaire eût achevé de le raser.

Voilà de quelle nature était la parade selon l'usage dijonnais.

Dans l'intérieur de la basilique on jouait le scandale sur une plus grande échelle. En traversant, non sans peine, la foule qui se pressait étrangement depuis la porte aux symboliques images jusqu'à la grille de l'autel, on retrouvait çà et là des hommes ivres battant frénétiquement des pieds et des mains, se repliant sur eux-mêmes et clamant des couplets graveleux à faire prendre ceux de Piron pour des psaumes ou des hymnes sacrées. On entendait une faubourienne aux larges flancs crier d'une voix rauque, en se penchant légèrement à l'oreille de sa voisine : « Par sainte Catherine, ma bonne patronne, M. le sous-diacre serait bien intentionné s'il songeait à nous pour le quart-d'heure, n'est-ce pas, commère ? » et tout près de là un bambin répondait à ces ribaudes, d'un ton nazillard : « Ah !

ah! ça n'a mangé qui vaille de toute la matinée, et leur estomac se révolte en voyant M. le sous-diacre se repaître de boudin et de saucisses! » On pouvait observer, en effet, l'excellent appétit de M. le sous-diacre, qui mangeait sur le coin de l'autel, tandis que l'évêque des Fous officiait tout près de lui en se pressant le nez de la main chaque fois qu'une odeur de savate brûlée lui arrivait de l'encensoir.

M. l'évêque des Fous s'était affublé d'un habit de bouffon; le bord de ses yeux, son nez et son menton étaient barbouillés de rouge, et à côté de lui les clercs portaient jupons et sales coiffures de femmes, et s'amusaient à jouer aux dés sur l'autel en tenant des postures fort indécentes.

L'office était-il terminé, le populaire

s'ébranlait et refluait incontinent vers les portes en criant : « Place, place à messeigneurs l'évêque des Fous, les diacres, sous-diacres et clercs! » et ceux-ci se mettaient aussitôt à danser un branle dans l'église, après avoir jeté leurs masques et leurs accoutrements sur la dalle.

Puis on voyait, sur le parvis de l'église, des tombereaux mal façonnés et attelés de mauvais chevaux, aux oreilles desquels on avait superposé de longs cornets de papiers. Ils étaient destinés à traîner les Fous par les rues de la ville. Monsieur l'évêque montait le premier et se posait majestueusement sur une vieille planche garnie de paille et transversalement fixée sur le devant du tombereau; à côté de lui venaient prendre place quelques camarades d'orgie, et en avant se promenaient pédestrement les diacres, sous-diacres et clercs, les uns jouant du fifre et battant du tambour, les autres portant des lanternes devant monsieur le préchantre.

En cheminant ainsi par la ville, monsieur l'évêque se contusionnait la bedaine à coups de poings, faisait d'admirables grimaces, se confondait en gestes tant soit peu lubriques, se démenait sur son siége comme un possédé, et donnait sa bénédiction à la foule, les mains pleines ou de terreau, ou de cendres, ou de farine, ce qui ne laissait pas que de provoquer d'assourdissants éclats de rire chez notre bon peuple endimanché, et chez les notables et infirmes qui se tenaient penchés à leurs fenêtres.

Quelque bourgeois malotru s'avisait-il de crier : *à l'hérésiarque!* monsieur l'évêque des Fous ne manquait pas de répondre, comme on l'avait fait en Sorbonne : « Mon gentil bourgeois, les tonneaux de vin crèveraient, si on ne leur ouvrait la bonde pour leur donner de l'air; nous sommes des tonneaux mal reliés, que le puissant vin de la sagesse ferait rompre, si nous le laissions bouillir par une dévotion continuelle. Il faut donc donner quelquefois de l'air à ce vin, de peur qu'il ne se perde, et ne se répande sans profit. »

Et la foule de battre des mains.

Cette ignoble mascarade d'église, que nous venons de mettre en action avec tous les détails d'une vérité scrupuleuse, après avoir eu soin toutefois de ne pas rapporter d'indécentes paroles que dans certaines églises de France, et entre autres à Viviers, on avait pris l'habitude de prononcer à l'autel après *l'Adjutorium,* cette irréligieuse comédie que jouaient les prêtres une fois l'an, peignent on ne peut mieux l'état de démoralisation où croupissait le clergé dans les quatorzième et quinzième siècles : et si nous avons admis ces scènes scandaleuses parmi nos *Fragments,* c'est qu'elles ont souillé la Bourgogne beaucoup plus de temps que les autres provinces; en outre, elles comportent par elles-mêmes un intérêt assez grand, et ce souvenir ne peut produire que d'heureux effets sur les mœurs. La Fête des Fous était si fort enracinée, que saint Augustin, la Sorbonne et le concile de Tolède furent impuissants à l'abolir, et pour cela il ne fallut rien moins que la renaissance des Lettres.

A Autun, la cérémonie de la Fête des Fous différait en partie de celle que nous venons de raconter. Elle commençait aux secondes vêpres de Noël.

Alors un âne couvert d'une chape était conduit aux portes de l'église, et les ecclésiastiques, déguisés, chantaient quatre vers latins que nous traduisons ainsi :

« Quiconque sera triste devra être renvoyé
« de ces fêtes : que l'envie et tous les
« chagrins s'éloignent de nous aujourd'hui :
« ceux qui célèbrent les fêtes de l'âne,
« veulent la joie. »

Ensuite l'âne allait au râtelier préparé pour cette cérémonie burlesque; deux chantres hurlaient en latin les louanges de l'âne, et le chœur répondait à la fin de chaque quatrain :

« Hé, sire âne, hé! »

Cette fête à la fois scandaleuse et ridicule fut célébrée pendant fort long-temps à Autun; et dans un voyage publié sous la République, on en fait mention comme d'un souvenir assez récent.

La Société de la *Mère-Folle* à Dijon, laquelle ne s'est éteinte qu'au commencement du dix-septième siècle, n'était que la mauvaise queue de la Fête des Fous.

BIOGRAPHIE

DES

ÉCRIVAINS BEAUNOIS.

BIOGRAPHIE

DES

ÉCRIVAINS BEAUNOIS.

GASPARD MONGE.

Nous ne savons si c'est à dessein ou par erreur que la plupart des biographes laissent une espèce de voile sur l'origine de notre concitoyen Gaspard Monge ; mais n'ayant pas l'habitude de respecter la sottise des préjugés, et ne reconnaissant de plus grand titre à l'homme de génie que ce qu'en langage de cour et de haute lignée on nomme dédaigneusement une *basse extraction*, nous dirons, nous, que Monge naquit à Beaune en 1746; que son père, simple rémouleur de profession, se tenait ordinairement à l'entrée d'un petit passage autrefois ouvert à peu près au milieu de cette partie de la rue St.-Pierre comprise entre le marché du jardinage et la rue Couverte (1). Ce passage est aujourd'hui muré.

---

(1) Le père de Monge a déclaré, lors du baptême de son fils, être marchand forain. Cette déclaration ne détruit pas notre assertion, qui est basée sur des renseignements aussi dignes de foi que les registres de sacristie : et d'ailleurs chacun sait que les rémouleurs font d'habitude le commerce de la coutellerie.

Le père Monge, homme de probité et de bon sens, confia son fils Gaspard aux Oratoriens de la ville, qui alors occupaient le collége, et ce fut là qu'on l'initia aux premières notions des mathématiques. Son aptitude au travail, son goût inné pour les sciences abstraites, fixèrent promptement sur lui l'attention des professeurs, qui l'adressèrent sur-le-champ à leurs confrères de Lyon, où ses talents précoces devaient achever de se développer. A seize ans on le jugea capable de professer la physique, et digne de s'asseoir en chaire à côté de ses maîtres. Quelque temps après, Gaspard Monge vient passer les vacances à Beaune, et sa première occupation consiste à lever le plan de la ville. Un lieutenant-colonel du génie, étonné de la précision qui règne dans ce travail, félicite notre jeune savant, et lui offre son appui pour l'introduire dans une école fondée depuis peu à Mézières pour former des officiers du génie. Gaspard Monge accepte le patronage de ce militaire; mais un obstacle sérieux va s'élever sur sa route : il est pauvre, il ne compte point dans sa famille d'aïeux titrés, et cette école de Mézières est privilégiée. Cependant on le reçoit, non comme élève, car la roture ne peut décemment coudoyer la noblesse, mais comme simple appareilleur, comme conducteur des travaux de fortification en qualité de dessinateur. Après l'avoir laissé végéter assez de temps dans cette position bien au-dessous du génie de Monge, le hasard veut que le commandant vienne à jeter les yeux sur notre pauvre compatriote pour faire les calculs pratiques d'une opération de défilement, et Monge, qui n'avait que dix-neuf ans à peine, résout rapidement le problème par une voie nouvelle. Cette preuve d'un talent pour ainsi dire encore méconnu, lui vaut l'affection du professeur de mathématiques, Bossut, qui se l'adjoint avec le titre de suppléant. De son côté, le professeur de physique agit de même, et bientôt Monge remplace tout-à-fait ce dernier dans ses fonctions. On le voit alors s'occuper d'une foule d'observations sur les gaz, l'attraction moléculaire, l'optique, l'électricité, et sur la découverte importante de la production de l'eau par la combinaison de l'oxigène et de l'hydrogène.

Gaspard Monge avait environ trente-quatre ans, lorsque d'Alembert, qui, mieux que personne peut-être, avait souvenance des entraves qui étouffent le mérite inconnu qui cherche à se produire, se hâta de donner appui à notre savant plein de modestie, et le fit nommer membre de l'Académie des Sciences.

De ce jour, Monge débarrassé de ses langes va grandir librement; il est adjoint à Bossut, professeur du cours d'hydrodynamique, établi au Louvre par Turgot; puis en 1783, à la mort de Bezout, il occupe la place d'examinateur de la marine. Alors il livre au public son *Traité de Statique*. Cet ouvrage, d'un mérite incontesté, n'a été détrôné en France que par la *Statique* de Poinsot, qui mérite la prédilection sous le point de vue de la concision et de la clarté, mais qui, à vrai dire, n'est qu'une édition simplifiée de celle de Monge.

La Révolution française éclate ; Monge partage l'enthousiasme général, et néglige un moment ses profondes études pour embrasser ouvertement les intérêts de la nation. Après la journée du 10 août 1792, Condorcet propose Monge pour le ministère de la marine, et il est accepté sans obstacle. Il fit partie du Conseil-exécutif qui fit exécuter le jugement de Louis XVI: et nous sommes loin de vouloir lui en faire un reproche, car sa position et le salut de la patrie l'exigeaient. — Comme ministre, Monge ne fut jamais subordonné à Pache, quoi qu'on dise; et si tous deux ils laissèrent envahir le ministère par les Jacobins, ce n'est pas par une espèce de condescendance servile de l'un envers l'autre, mais bien parce que les sentiments de Monge et de Pache, alors acquis à l'unité nationale, les faisaient pencher naturellement vers le parti qui seul avait assez de vigueur et de volonté pour imprimer au mouvement révolutionnaire une direction convenable. Monge n'aimait point l'indécision de la Gironde ; car il fallait à cet homme un but et les moyens d'y parvenir, et la Gironde ne savait au juste sur quoi fixer ses désirs ; elle n'avait pas même une volonté. Ce fut sans doute dans les bureaux du ministère où tout le monde se tutoyait, que Monge prit cette habitude, et la porta dans la suite à l'Ecole Normale où il donnait des conférences.

Monge donne sa démission en 1793 ; mais il ne cesse de mettre ses talents au service de la patrie. La ligue européenne s'avance, et notre compatriote passe les jours à donner des instructions sur la préparation du salpêtre, et il écrit pendant les nuits *l'Art de fabriquer les Canons*, travail assez précieux, bien que fait à la hâte. Dans un *Avis aux Ouvriers en fer, sur la fabrication de l'Acier*, rédigé avec Vandermonde et Berthollet, il expose les moyens d'obtenir l'acier par la combinaison du fer avec un peu de charbon.

Après le 9 Thermidor, l'École Normale est fondée; et Monge publie sa *Géométrie descriptive*, ouvrage immense de conception et de talent.

La carrière de Monge est loin d'être terminée. Les soldats de la République débordent sur l'Italie, Bonaparte est à leur tête; les objets d'art et les monuments sont déplacés, et Monge est ici, là, partout, qui surveille les travaux. Puis il est chargé avec Berthier d'apporter au Directoire le traité de Campo-Formio. Ce fut encore Monge que l'on envoya à Rome, en compagnie de M. Daunou, pour y établir une république; et, peu de temps après, l'expédition d'Égypte le réclame; il s'embarque donc avec Desaix, et rejoint l'armée de Bonaparte à Malte, au mois de juin 1798.

Pendant le trajet d'Alexandrie au Caire par le désert, nos malheureux soldats, mourant de soif, éprouvent le supplice de Tantale en voyant se mouvoir au-devant d'eux comme des flots qui reculent incessamment à mesure qu'ils s'avancent. Monge explique aussitôt ce *phénomène,* connu sous le nom de *mirage,* par les différences d'intensité calorifique dans les différentes couches d'air, ce qui imprime à ces couches un mouvement continuel de superpositions, qui ressemblent, à s'y méprendre, aux ondulations des flots; et chez nous on peut l'observer parfois sur une petite échelle. Dans un voyage à Suez avec Bonaparte, Monge reconnaît les vestiges du canal qui communiquait de la mer Rouge, par le

Nil, à la Méditerranée; puis il visite Peluse, dont il recevra plus tard le titre de comte, et parcourt la Syrie toujours avec Bonaparte. Les soldats expéditionnaires n'appelaient Monge que le *vieux Savant*.

Las de la vie nomade, il revient à Paris prendre sa place de professeur à l'Ecole Polytechnique, dont il est un des fondateurs; il l'aime d'une affection toute particulière, il la choie comme son enfant; il s'oppose de toutes ses forces à ce qu'elle soit convertie en caserne par Bonaparte, mais en vain; il se montre généreux envers elle, et abandonne sa pension de retraite et son traitement de professeur à plusieurs élèves.

Le Sénat est constitué, Monge en fait partie et est pourvu de la sénatorerie de Liège avec le titre de comte de Peluse. Il reçoit le grade de grand-officier de la Légion-d'Honneur et de la Réunion, un majorat en Westphalie, et plus tard une gratification de 200,000 francs.

Le ministre républicain a renié ses anciens principes, sans le moins du monde s'en douter; il n'a pu, comme tant d'autres, échapper à cette fascination que répandait autour de lui l'homme des conquêtes et des batailles, mais il n'a pas cessé d'être de bonne foi; seulement la faiblesse humaine a pris le dessus sur l'austérité de la raison, et l'homme a presque idolâtré l'homme.

Les funestes résultats de la campagne de Russie causent à Monge une affliction profonde, ainsi que la chute de Napoléon, et le bannissement des Conventionnels qui avaient condamné Louis XVI à mort, car cette mesure de rigueur frappe l'un de ses gendres, M. Eschasseriaux.

En 1816, Monge est rayé de l'Institut, et cette inconcevable vexation lui porte le dernier coup; ses idées déclinent rapidement, et il meurt le 28 juillet 1818.

Un lourd monument, érigé par les élèves de l'Ecole Polytechnique, indique le lieu de sa sépulture dans le cimetière de l'Est (Père La Chaise), à Paris; mais ses compatriotes n'ont point consenti à lui dresser une statue sur l'une des places de notre ville. Si cette longue obstination n'était que la conséquence de ce principe rationnel ainsi conçu : « Le culte de l'homme par l'homme est une absurdité, et quiconque fait le bien ne fait que son devoir », certes, nous y applaudirions de tout cœur; mais il n'en est pas ainsi : Monge est oublié, parce que l'esprit de matérialisme envahit et décompose la société, parce que tout ce qui est vraiment noble et vraiment grand cesse d'être impressif, et que les capacités financières étouffent les capacités intellectuelles. Voilà pourquoi, laissant de côté tout esprit de philosophie poussée à l'extrême, nous réclamons et ne cesserons de réclamer en faveur de notre savant compatriote une statue qui l'immortalise.

M. Robelin est, que du moins nous sachions, le premier qui ait fait aux Beaunois cette proposition, que M. Joseph Bard a renouvelée dans le *Patriote de Saône-et-Loire,* en ces termes :

« Messieurs,

« Vous avez tous gémi du double affront fait, il y a quelques années, au portrait de notre plus illustre compatriote, et je me plais à croire que vous pensez, comme moi, que le temps est venu de venger la mémoire outragée du grand homme, par un vote qui vous honorera.

« L'esprit national, Messieurs, pour être effectif et vrai, doit se résumer dans la cité qui nous a vus naître, comme la commune se résume dans la famille.

« Rendre populaires l'histoire du pays, les monuments du pays, les hommes illustres du pays, c'est comprendre merveilleusement la civilisation chrétienne de notre époque, qui, avant tout, vit d'idées et de progrès.

« Je viens vous proposer de donner une consécration publique à la mémoire de Gaspard Monge, en lui élevant une statue sur l'une des places de la cité. Et par cette décision généreuse, Messieurs, non-seulement vous obéirez à un élan de patriotisme général dans toutes les villes et tous les bourgs assez heureux pour être la patrie d'un citoyen célèbre, mais encore vous réparerez une faute et une ingratitude qui ne viennent pas de vous (*).

(*) Sous la Restauration, le portrait de Monge fut enlevé de l'Hôtel-de-Ville. C'est là ce que M. Bard appelle une faute. Mais nous qui, en pareil cas, n'avons pas le privilége de la modération, nous appellerons cet acte, une stupide indignité.

« Veuillez, Messieurs, délibérer sur ma proposition, et, si vous l'adoptez, mettre au concours l'exécution du monument. »

Cette lettre, adressée au Conseil municipal de la ville de Beaune, est restée sans résultat : nous ignorons pourquoi.

FRANÇOIS PASUMOT.

―――⋅⋅―――

Notre célèbre ingénieur-géographe, François Pasumot, naquit à Beaune le 30 avril 1733 ; et, si nous sommes bien informés, la maison occupée par son père se trouvait dans la rue Bretonnière. Comme Monge, il puisa les premières notions de la science chez les Pères de l'Oratoire; mais la Révolution qui grandit l'un, étouffa l'autre, et, dans la suite de cette Notice, nous verrons de quelle manière.

Pasumot était destiné par sa famille à embrasser l'état ecclésiastique; mais notre jeune savant préféra la carrière aride de l'enseignement, qu'il poursuivit presque régulièrement jusqu'en 1790 ou 1791, nous ne savons au juste. Il était jeune encore, lorsque son protecteur Cassini obtint du Gouvernement qu'il fût envoyé en Auvergne, pour se livrer à des études scientifiques sur les volcans éteints, pour mesurer les hauteurs et les distances et en dresser les cartes; puis, quand au bout de trois années ces travaux furent terminés, Pasumot ne demanda que trois cents francs d'indemnité, afin, disait-il, d'économiser les fonds que l'Etat consacrait à des travaux importants.

Appelé, quelques années plus tard, à professer la physique et les mathématiques au collége d'Auxerre, il remplit consciencieusement ses devoirs et y introduisit l'excellente innovation, généralement répandue de nos jours, laquelle consiste à enseigner les sciences en langue française.

Il ne tarda pas à être nommé secrétaire de la Société des Sciences et Belles-Lettres de la ville d'Auxerre, et ce fut pour elle qu'il composa ses *Mémoires géographiques sur quelques antiquités de la Gaule*. Cet ouvrage, publié en 1765, outre un style correct et d'une certaine élégance, offre encore des recherches extrêmement curieuses, qui annoncent dans Pasumot une étude solide des écrivains qui ont parlé de notre pays, et une grande justesse d'esprit et de raisonnement. Avant cette importante publication, si rare et si recherchée de nos jours, notre compatriote avait obtenu l'insertion de plusieurs fragments archéologiques dans le *Mercure de France* et dans le *Journal de Verdun*. Le plus remarquable de ces fragments est, sans contredit, une dissertation sur le retranchement gaulois situé aux environs d'Avallon, et connu sous la dénomination de *Camp des Alleux*. En cette circonstance, il combattit avec tant d'avantage l'opinion émise par le comte de Caylus, que celui-ci reconnut noblement son erreur et la rectifia par l'insertion de l'opinion de Pasumot dans le sixième volume de ses *Antiquités*.

Par suite de nous ne savons quelles contrariétés, Pasumot se vit contraint de quitter le professorat, et la ville d'Auxerre lui assura, pour l'aider à subsister, la modique rente de 300 francs. Il revint à Paris au bout de quelque temps, et se trouva réduit à donner des leçons particulières, jusqu'à ce que la Providence l'introduisit comme précepteur dans une maison opulente et lui permit de rêver un sort plus heureux. C'était en 1784, et l'humble savant beaunois ne se doutait guère que cinq années plus tard un trône de France craquerait par la base, et que le bien du peuple ferait son malheur propre. L'emploi qu'il venait d'obtenir lui fut d'un grand secours, en ce sens surtout qu'il put visiter, en compagnie de ses riches élèves, le Mont-Blanc, les Alpes-Suisses, puis les Pyrénées.

La Révolution vint, pour ainsi dire, l'interrompre dans ses courses scientifiques; et, à peine avait-il mis le pied sur le char de la fortune, que les roues se rompirent, et il tomba de nouveau dans un état voisin de la misère. Ses protecteurs émigrèrent-ils ou furent-ils jetés en prison? on n'en dit rien; mais il fallut nécessairement l'une de ces deux causes pour accabler Pasumot ; car, étranger à l'immortelle rénovation sociale qui remuait alors la France, il est raisonnable de supposer qu'il n'éprouva point de disgrâce.

Affaissée par les chagrins et l'impitoyable nécessité, la santé de Pasumot s'altéra rapidement ; la mélancolie, cette fille du malheur, le saisit à l'ame et le poussa vers les idées de religion. Lié avec MM. Grégoire, Agier et Camus, il adopta leurs opinions et les soutint chaleureusement. En 1796, il se mêla de la *Société libre et littéraire de Philo-*

sophie chrétienne, dont nous croyons inutile de donner ici les plans.

L'an V de la République (1797), on vit paraître ses *Voyages physiques dans les Pyrénées en* 1788 *et* 1789. Cet ouvrage, parfaitement conçu, où le coloris de l'imagination est constamment sacrifié à la sévérité de l'étude, résume à la fois la science profonde du naturaliste, du physicien et de l'antiquaire. On y retrouve, comme dans toutes les œuvres de notre compatriote, une clarté dans les détails et une facilité de diction qui suffisent à racheter la sécheresse que comporte le sujet assez souvent. Ces *Voyages physiques dans les Pyrénées*, ayant mérité les faveurs de l'Institut, furent du nombre des ouvrages proclamés au Champ-de-Mars par le président du Directoire, le 1er vendémiaire an VII.

Nous sommes encore redevables à Pasumot d'un écrit inséré dans les Mémoires de l'Académie de Dijon, ayant pour titre : *Observations d'Histoire naturelle, depuis l'Yonne jusqu'à la Saône; suivies d'Observations physiques sur la vue des Alpes en Bourgogne*; de beaucoup d'autres Mémoires sur l'histoire naturelle, insérés dans le Journal de Physique de Rozier, et d'une histoire de Beaune, peu connue, quoique précieuse sous certains rapports.

Le dernier emploi auquel fut attaché François Pasumot, était celui de sous-chef au bureau des plans et cartes de marine; il ne l'occupa que fort peu de temps, car son état maladif ne le lui permit pas; et étant retourné à Beaune pour rétablir sa santé, il y mourut le 10 octobre 1804.

Comment se fait-il que la mémoire de cet homme savant et studieux, modeste et pauvre, lui ait à peine survécu ? et n'est-il pas pénible à nous de songer que plus de la moitié de ses compatriotes en sont encore à connaître son nom ? Ceci est un fait que nul ne niera. Et cependant Pasumot mérite, à juste titre, que la postérité lui rende hommage. Il a reçu le baptême de l'adversité. Dans l'aisance, on l'a trouvé généreux ; dans le travail, infatigable. Il a dépensé sa vie dans de laborieuses et utiles recherches ; en toutes circonstances enfin, il a fait preuve d'un talent distingué, qui honore son pays....

Beaunois, vous avez payé tout cela par l'ingratitude !

LES FRÈRES MALLEMANS.

CLAUDE MALLEMANS DE MESSANGES.

Les écrivains de ce nom sont au nombre de trois, et s'ils firent un peu de bruit au commencement du dix-huitième siècle, la cause en est plutôt dans leur originalité que dans leurs talents.

Claude Mallemans, seigneur de Messanges, et fils d'un président de grenier à sel, naquit à Beaune en 1653. Il fit une partie de ses études chez les Pères de l'Oratoire. Après quelques années d'un travail soutenu, il devint professeur de philosophie au collége du Plessis, à Paris, probablement à l'aide de notables protections. A 26 ans, il publia son *Traité physique du Monde*, où, prenant pour texte le premier chapitre de la Genèse, il soutient « que le soleil, en tournant sur le centre commun, met plus de temps à décrire son tour que la terre n'en met à faire la moitié du sien, et que le cercle qu'il parcourt décline sur l'équateur de la terre autant que le demande le mouvement de trépidation. » Le Journal de Trévoux ayant attaqué son système, il répondit assez tardivement par un *Discours sur trois articles de leurs Mémoires*, et fit insérer dans le Journal des Savants, du mois de juillet 1716, une *Réponse* à une lettre italienne qui lui contestait l'invention de ce même système. En 1680, il donna une *machine* pour tracer toute sorte de cadrans solaires, et en 1681, une *Dissertation sur les Comètes*, dont il prétendait expliquer les phénomènes par l'influence de l'air épais qui les environne. Deux ans plus tard, vint le fameux *Problême de la Quadrature du Cercle, résolu géométriquement par le cercle et la ligne droite;* ainsi que sa *Réplique* à la *Réponse de l'inconnu,* sur ce même problême.

Nous ne trouvons rien de bien sensé (modestement parlant) dans cette série de travaux, et Claude Mallemans n'a eu, le plus souvent, que le privilége de se faire railler.

La *Réponse* à Furetière, l'auteur de l'*Apo-*

théose du *Dictionnaire de l'Académie,* prouve que Mallemans ne savait guère à quoi employer sa plume et son temps.

L'Apothéose commençait ainsi :

Je suis ce gros dictionnaire
Qui fus un demi-siècle au ventre de ma mère.
Quand je naquis, j'avais de la barbe et des dents,
....
....
Mais ils devaient aussi me donner des béquilles,
Faute de quoi, j'aurai peine à me soutenir.

La fin de l'épigramme était :

Car, comme j'ai paru tout chargé de guenilles,
Le public m'a crié : Prends ton sac et tes quilles.

Dans tout cela il n'y avait certes rien de bien malin, et nous ne concevons pas que notre professeur de philosophie ait pris la peine de composer une réfutation, où il épilogue chaque phrase et dissèque chaque mot avec un sérieux qui frise parfois l'insolence. Cette *Réponse* est dédiée à un noble seigneur, qui, s'il fut satisfait du cadeau, ne devait pas être difficile.

Furetière riposta l'année suivante par l'*Enterrement du Dictionnaire de l'Académie*, et ne reçut pas de nouvelle réponse.

Le père Bougerel dit que, sur la fin de ses jours, Mallemans se retira dans la communauté des prêtres de Saint-François-de-Sales, où il mourut le 17 avril 1723, à 77 ans. Mais, objecte avec raison la *Biographie Universelle*, « Mallemans, laïc et marié, ne pouvait pas être reçu dans cette communauté, qui n'admettait que des prêtres; et, étant né en 1653, il ne devait avoir que 70 ans en 1723. »

JEAN MALLEMANS.

Jean Mallemans, frère du précédent, mourut à Paris en 1740; mais on ne relate point l'époque de sa naissance. Ce fut un singulier homme, qui gâta le peu de génie dont il était doué, par une originalité incroyable et stupide : on le trouvait toujours d'un avis différent de celui des autres ; il adoptait des opinions insoutenables, et nous ne savons si ce fut par esprit d'opposition *quoique*, ou par esprit de pédantisme; toutefois nous sommes tentés de pencher vers la première hypothèse, car il poussa la manie jusqu'à se fâcher avec son frère, parce que celui-ci soutenait le système de Descartes, et jusqu'à vouloir faire passer saint Augustin pour un médiocre théologien. On a de lui une *Traduction de Virgile* en prose poétique, une *Histoire de la Religion*, publiée à Paris en 1704, et les *Pensées sur le sens des dix-huit premiers versets de l'Évangile de Saint Jean*. Ce dernier ouvrage, imprimé en 1718, est, selon nous, ce qu'il a fait de mieux. Il avait préparé la suite de ce travail sur les autres évangélistes, mais la bizarrerie des idées lui valut un refus de privilége. D'abord capitaine de dragons, puis marié, puis veuf, Jean Mallemans finit par devenir chanoine de Sainte-Opportune.

ÉTIENNE MALLEMANS.

※·§·※

Ce dernier, des trois frères, se fit une assez grande réputation, nous ne dirons pas comme poète, mais comme machine à versifier. On ne connaît guère de lui que le

Défi des Muses, en trente sonnets moraux, remplis en trois jours, sur les mêmes bouts-rimés, donnés par la duchesse du Maine, et sur divers sujets. L'auteur ayant appris qu'on l'accusait d'être à bout par ces trente sonnets, en ajouta dix autres sur divers autres sujets et sur les mêmes rimes ; et pour peu qu'on l'eût encore défié, il menaçait d'aller jusqu'au centième.

Ce Mallemans peut être comparé à notre improvisateur Pradel : l'un écrivit, l'autre récite. Leurs productions se valent à peu de chose près. Ce serait peine perdue d'y chercher de la poésie : vous n'y trouverez qu'une mauvaise prose rimée qui sent la commande et le métier, mais rien de plus.

Mallemans mourut à Paris en 1716.

MOREAU DE MAUTOUR.

PHILIBERT-BERNARD Moreau de Mautour naquit à Beaune le 23 décembre 1654; il était fils d'un auditeur des comptes, et fit ses premières études à Dijon. Après avoir pris ses grades à l'Université de Toulouse, il fut pourvu d'une charge d'auditeur à la Chambre des Comptes de Paris, et se livra, dans ses heures de loisir, à de savantes recherches sur les vieux monuments. Antiquaire passionné, il parvint en peu de temps à réunir un assez grand nombre de bronzes et de médailles, qui valurent à l'auteur ces quelques mots tirés du *Traité de l'utilité des Voyages*, par le savant Baudelot de Dairval : « M. Moreau, auditeur des comptes, aime les livres, les manuscrits, les médailles, et sait en faire un choix fort judicieux. »

Moreau de Mautour entra à l'Académie des Inscriptions et Belles-Lettres en 1701, fut nommé associé en 1705, et pensionnaire en 1712. Il mourut à Paris le 7 septembre 1737, après avoir supplié l'Académie, dans un testament olographe, de ne lui pas faire d'éloge.

Ses ouvrages sont disséminés, et se bornent à des fragments d'où ressort le savoir-faire de l'auteur. Dans le *Mercure de France*, du mois de juin 1726, nous trouvons ses *Observations sur la Colonne antique de Cussy en Bourgogne*, morceau non-seulement riche de recherches, mais encore de style. Les écrits de l'auteur Beaunois sont généralement remarquables par leur concision, le choix des expressions et la lucidité de l'agencement. Il est à regretter qu'il ait négligé de collationner ses nombreuses recherches, d'en former un tout suivi : mais au lieu de cela, il a préféré les disséminer dans le *Mercure*, dans les *Mémoires de Trévoux*, le *Journal de Verdun*, le *Recueil* de l'Académie des Inscriptions, la *Continuation des Mémoires de Littérature*, par Desmolets, et le *Recueil* d'Archimbauld.

Au nombre des ouvrages de Moreau de Mautour, nous devons mettre les *Fables Nouvelles en vers*; les *Dissertations Historiques sur divers sujets de l'Antiquité et autres matières qui la concernent*; les *Observations sur les Monuments antiques trouvés dans l'église cathédrale de Paris*, etc. Ce dernier ouvrage a été recueilli par les Pères Lobineau et Félibien, pour servir à leur Histoire de Paris.

On cite enfin, de Moreau de Mautour, une *Description historique des principaux Monuments de l'abbaye de Cîteaux*, et le *Journal de la Campagne de Piémont*, conduite par Catinat.

Nous bornerons là notre biographie des écrivains défunts. Si nous laissons de côté une cinquantaine de noms propres, c'est qu'il deviendrait par trop fastidieux de composer un catalogue avec des titres de cette sorte : *Harangues* en l'honneur des ducs d'Épernon et de Candale, par Philibert Leblanc ; *Catéchisme du diocèse d'Autun*, par Jean Loppin; *la Manière de visiter utilement les Paroisses de Campagne,* par Joseph Brunet de Beaugeray, etc., etc.

L'abbé Gandelot aurait volontiers mentionné comme littérateur la première personne venue, pourvu qu'elle fût capable d'écrire correctement un *Pater* et un *Ave*. Nous sommes moins complaisant que lui.

LE GÉNÉRAL VEAUX.

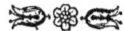

Antoine-Joseph Veaux naquit à Seurre le 18 septembre 1764; mais par son séjour à Aloxe, près Beaune, et par celui de sa famille au milieu de nous, il a acquis le droit de prendre place dans notre galerie biographique.

Dès sa première jeunesse, Veaux entra au service comme simple soldat. Officier au commencement de la Révolution, il fit en cette qualité plusieurs campagnes mémorables, se distingua par sa bravoure et son habileté, et fut nommé général de brigade, à l'âge de trente-trois ans, le 10 mars 1797. Nommé baron et commandant de la Légion-d'Honneur en 1804, il obtint quelque temps après le commandement du département de la Côte-d'Or, et fut présenté le 10 février 1811 à l'empereur, comme membre du collége électoral. Quand se fit l'invasion en 1814, le général Veaux se trouvait à Auxonne; ce fut lui qui de son chef prit le commandement de la place, la ravitailla convenablement et la mit sur un pied de défense tel que l'ennemi n'y pénétra point. Malheureusement cette conduite, digne d'un général français, ne devait avoir aucun résultat définitivement favorable ; car, en même temps que l'un disputait courageusement le terrain de sa patrie aux hommes de la Sainte-Alliance, d'autres se dégradaient indignement par la trahison.

A peine les Bourbons furent-ils réinstallés sur le trône vermoulu des Tuileries, que le brave général Veaux fut mis à la demi-solde.

Au mois de mars 1815, lorsque les ducs d'Angoulême et d'Orléans se mirent en route vers le midi de la France pour combattre l'illustre fugitif de l'île d'Elbe; le général Veaux, qui n'avait cessé d'être fidèle à son pays, dont la cause ne faisait alors qu'une avec celle de l'empereur, ceignit de nouveau sa vieille épée, eut une entrevue avec Napoléon à Châlon, et à la suite fut nommé lieutenant-général et commandant de la 18ᵉ division militaire. Elu peu de temps après membre de la Chambre des Représentants par notre département, il se montra dans les discussions de tribune un des plus chauds partisans de l'Empire, et pour s'en convaincre il suffit de se reporter à la séance du 4 juin.

Retiré à Dijon après les Cent-Jours, il séjournait dans cette ville au mois de juillet, lors de l'arrivée des Autrichiens. Parti avec son état-major pour rejoindre l'armée de la Loire, il envoya de Moulins sa soumission au roi. Néanmoins sa nomination fut annulée, et, le 18 août 1816, il fut traduit à la cour d'assises de Dijon avec ses coaccusés, Etienne-Nicolas-Philibert Hernoux, Pierre Royer et Jean-Louis Léjéas.

Voici quelles furent les questions soumises aux jurés par le président Henrys-Marcilly :

1° L'accusé Antoine-Joseph Veaux est-il coupable d'être entré dans la conspiration qui s'est ourdie dans les mois qui ont précédé le mois de mars 1815, et qui avait pour objet de renverser le gouvernement légitime et de changer l'ordre de successibilité au trône ?

2° Est-il coupable de s'être rendu volontairement à Châlon où était *Buonaparte;* d'avoir eu avec lui une conférence, à la suite de laquelle il a pris, dès le 15 mars, le titre de lieutenant-général commandant la 18° division militaire ?

3° Est-il coupable d'avoir, le même jour

15 mars, fait une proclamation adressée aux habitants des cinq départements de la 18° division militaire, dans laquelle il reconnaît l'autorité de l'usurpateur, et invite ces habitants à se rallier autour de cet usurpateur ; d'avoir fait imprimer et afficher cette proclamation, de l'avoir distribuée lui-même ?

4° Est-il coupable d'avoir ordonné, le 17 mars, qu'on arborât le drapeau tricolore à Nuits, et qu'on fît une adresse à l'empereur; d'avoir, lors de son passage à Beaune, destitué le commissaire de police de cette ville et de l'avoir remplacé par un commissaire de police que le roi avait précédemment destitué ?

5° Est-il coupable d'avoir, dans le même temps, fait enjoindre à l'adjoint du maire de la ville de Beaune de ne plus s'entremettre dans les affaires de la mairie ?

6° Est-il coupable d'avoir, le 19 mars, remplacé M. Petitot, préfet par *interim* du département de la Côte-d'Or, par M. Royer, autre conseiller de préfecture ; d'avoir par sa lettre du 19 mars, au préfet, annoncé que son intention était qu'il n'y eût qu'un seul journal de la Côte-d'Or, dont la rédaction serait confiée au sieur Carion, et qu'il fût donné des ordres au rédacteur du *Journal de la Côte-d'Or* de s'abstenir à l'avenir de publier aucune feuille ?

7° Enfin, est-il coupable, par tout ou partie des actes exprimés dans le troisième article ci-dessus, de s'être rendu complice de l'attentat commis dans le mois de mars 1815, ayant pour but de changer et détruire le gouvernement légitime, en aidant et assistant avec connaissance de cause l'auteur ou les auteurs dudit attentat, dans les faits qui l'ont facilité et consommé?

La belle défense de M. Cabet fit tomber cette ridicule accusation, et le général Veaux fut acquitté par les jurés, ainsi que ses coaccusés, MM. Hernoux, Royer et Léjéas; ce dernier était accusé, entre autres choses, d'avoir fait servir dans un dîner, à l'hôtel de la Cloche, douze bouteilles de vin de Champagne, dans l'intention manifeste d'exciter la garde à donner quelques signes d'approbation au nouvel ordre de choses.

Après son acquittement, le général Veaux se retira au village d'Aloxe près Beaune, où il vécut assez paisiblement pendant une année; après quoi, étant allé à Dijon au mois de septembre 1817, en qualité d'électeur, il se fit sauter la cervelle d'un coup de pistolet, par suite des chagrins et du trouble qu'avait apportés en lui la chute de Napoléon.

ÉCRIVAINS

CONTEMPORAINS.

HOMMES DE LETTRES.

Nos écrivains sont en bien petit nombre; et dans une ville comme la nôtre, où des riens se colportent avec beaucoup de bruit dans toutes les directions, de porte en porte, et de la cave au grenier, il devient en quelque sorte impossible de remplir la tâche de biographe. En conséquence, nous nous bornerons ici à un exposé bibliographique ; et ne connaissant ni les petites haines, ni les petites jalousies qui rendent l'homme aveugle et faussent son jugement, nous parlerons avec impartialité et franchise des œuvres de chacun de nos auteurs vivants.

Procédant par ordre alphabétique, nous arrivons immédiatement à M. Joseph Bard.

JOSEPH BARD.

M. Joseph Bard est, sans contredit, le plus fécond de nos écrivains Beaunois. La première publication de l'auteur a pour titre : *Considérations sur le Développement moral et litté-*

raire des Nations. Pour un jeune homme la tâche était rude, et tout porte à croire qu'aujourd'hui l'auteur se hâterait de reconnaître la confusion qui règne dans cet ouvrage, et maintes erreurs qui tiennent à l'aridité d'un sujet qui, pour être convenablement traité, n'exige rien moins que de vastes et longues études; et M. Bard était trop jeune alors pour remplir ces conditions.

Environ six ans plus tard, M. Bard livra au public un volume d'odes et ballades sous le titre : *Les Mélancoliques*. Partout le poète nous semble avoir sacrifié le travail au sentiment, et nous l'avons grandement approuvé sur ce point. *L'Ode au Peuple,* qui fait partie de cet ouvrage, et qui est loin de rentrer dans nos vues politiques, est bien certainement le fragment le mieux conçu et le plus poétique que nous ayons rencontré. *La Vie de Famille* jette un parfum de liberté large, hardie, nettoyée de la sottise des préjugés; et si M. Bard n'avait mis de côté la poésie, comme une chose usée par un siècle où le positivisme rouille les ressorts de l'ame, nous lui aurions conseillé de suivre constamment cette voie, de rompre à tout jamais avec l'ignominie des grandeurs; car la liberté seule inspire noblement : demandez plutôt aux mânes des Chénier et des Byron !

En 1832, nous avons vu paraître *Le Pélerin*. Dans cet ouvrage l'auteur se montre bien au-dessous de son savoir-faire, et, à part quelques touches vives et solides, le style poétique manque d'inspirations.

En 1836, M. Joseph Bard publia : *Cent Têtes sous un Bonnet*. A cet égard, nous ferons à l'auteur un reproche, que lui a fait avant nous un des rédacteurs de *l'Art en Province :* outre que ce titre est d'une originalité prétentieuse, il ne comprend que des fragments publiés dans les revues et les journaux. Or, un écrivain devrait, ce nous semble, attendre avant de ramasser ses miettes qu'il eût un pied sur le bord de sa fosse.

Notre compatriote s'est aperçu que *Le Langage des Dieux* n'était guère compris de notre époque, que la frivolité romanesque ne menait à rien, et il a dirigé ses études vers nos vieux monuments. Son *Archéographie* de l'insigne collégiale et du beffroi de Beaune lui a valu des éloges mérités. Qu'il poursuive donc sa nouvelle route avec persévérance.

M. Joseph Bard s'est fait le champion de la décentralisation littéraire; il a voulu que

Paris n'étouffât pas entièrement la province, et que les rayons d'intelligence divergeassent de tous les points. Il a fait son devoir. C'est dans ce but qu'il offre sans relâche sa part de rédaction à *l'Art en Province*, à *la France Départementale*, à *l'Album de l'Ain*, à la *Revue du Lyonnais*, etc., etc.

M. Bard est à la hauteur de son emploi d'inspecteur des monuments historiques du Rhône et de l'Isère. Ses recherches ont de la solidité, et ses descriptions présentent le plus souvent un travail facile et plein d'élégance. Ses œuvres, jusqu'ici, ne nous ont paru en quelque sorte que le prologue qui précède un rôle étudié; et nous aimons à croire que M. Bard renoncera bientôt à la facture des petits livres, pour s'occuper à réunir dans un cadre plus vaste les matériaux importants que sans doute il recueille dans ses explorations incessantes.

FOISSET (Théophile).

Nous ne connaissons de M. Foisset que des fragments publiés dans la *Revue des deux Bourgognes,* à Dijon, et dans le *Voyage Pittoresque en Bourgogne.* — M. Foisset est, avant tout, un homme d'érudition solide, chose assez rare par le temps qui court, et dans un siècle ou de jeunes hommes prennent le titre d'*hommes de lettres* avant d'avoir divorcé avec les bancs du collége.

Le style de M. Foisset est dépourvu de cette élégance, de ce vernis, de ce sans-gêne qui servent de passe-port à notre littérature moderne; et nous ne savons au juste si cela est un mal ou un bien. Toutefois, nous nous permettrons de dire que, dans notre état de matérialisme et de désorganisation, on doit, ce semble, donner la préférence au brillant de l'imagination qui impressionne, sur la froideur et le rigorisme de la règle. Ce que l'on veut maintenant, ce sont des peintures de sentiment et une langue pleine de chaleur, de verve, de coquetterie, et qui reflète la pensée au risque de sacrifier cette règle.

Il ne manque donc à M. Foisset que des images et du coloris dans ses écrits, pour le mettre au niveau de nos bons auteurs contemporains. Nous ne savons s'il dédaigne cette voie, ou si la froideur, la sécheresse de son imagination lui forment obstacle; mais peu importe : il ne lui reste pas moins le mérite d'avoir beaucoup lu, beaucoup appris, et d'avoir retiré de ses recherches des matériaux précieux.

Lorsque bon nombre d'écrivains manquent par la base et se consument dans des travaux sans importance, M. Foisset a le bon esprit de s'assurer du terrain; car il sait fort bien que l'on ne peut tirer grand parti d'un édifice qui craque par les fondements.

J.-F.-JULES PAUTET.

La passion de la littérature n'a presque pas laissé de repos à M. Jules Pautet; et bien avant de se précipiter dans la rude carrière du journalisme, et de jeter le gant aux fripons du Pouvoir, notre savant compatriote ne donnait guère de répit à son intelligence; et, dans ses moments de loisir, il rédigea plusieurs fragments dignes d'éloges, et une brochure en l'honneur de Gaspard Monge.

Lorsque les hommes du lendemain, les escamoteurs de la victoire du peuple, ne virent rien de mieux à faire que de s'engager dans la fangeuse ornière de la Contre-Révolution, M. Jules Pautet se hâta de mettre sa plume au service de la raison et du bon droit. Il soutint courageusement la cause des prolétaires dans *le Patriote de la Côte-d'Or;* et le Waterloo de la presse démocratique, organisé par les Septembriseurs de 1835, le compta au nombre de ses victimes.

« C'est avec une sorte d'amour, dit la
« *Biographie des hommes du jour,* que M. Jules
« Pautet se livra à la rédaction de sa feuille;
« il lui donna une sévère unité de principes
« qui lui mérita les éloges de la presse.
« Il fit de cette œuvre son œuvre; et si ce
« journal consciencieux et loyal s'emprei-
« gnit un peu d'individualisme, il resta lo-
« giquement fidèle aux principes élevés qui
« avaient été posés par son rédacteur en chef.
« Son auteur (on peut appeler ainsi M. Jules
« Pautet, car, pendant trois ans, il sup-
« porta seul à peu près le fardeau politique
« et littéraire de l'œuvre, et bien souvent
« un seul numéro contenait de lui, outre
« l'article de considérations générales, les
« articles de la polémique locale et d'in-
« térêt du moment, et un feuilleton litté-
« raire); son auteur, disons-nous, sans

« négliger les détails, abordait chaque jour
« les généralités politiques. Sa feuille n'était
« le reflet d'aucune autre; elle cheminait
« indépendante et largement progressive,
« sans jamais se jeter dans la guerre de
« personnes. »

Une année plus tard, environ, M. Jules Pautet fonda, à Dijon, la *Revue de la Côte-d'Or et de l'ancienne Bourgogne.* On y trouve çà et là de charmantes productions dues à la plume de notre compatriote, et nous avons remarqué entre autres : *Tristesse;* morceau de poésie où le sentiment déborde, et où l'ame de l'écrivain, abreuvée de dégoût, épanche sa douleur et, pour ainsi dire, son désespoir à chaque ligne :

Dans ce monde, hélas! tout s'altère, (dit-il)
Rien ne se fixe à notre cœur

> Si ce n'est un amour de mère,
> Si ce n'est le malheur.
> L'amitié? — n'est rien qu'un mensonge.
> L'amour? — c'est une illusion.
> Et le bonheur? — comme un doux songe,
> Une déception.

Plus loin il ajoute :

> Oui, l'intérêt qu'on déifie
> Désenchante et rend âpre et froid,
> Et l'on résume ainsi la vie :
> Jouer au plus adroit.
> L'or!... du siècle c'est la croyance;
> Par lui tout se meut, et, pour lui,
> On se jette sans prévoyance
> Où son prestige a lui. Etc.

M. Jules Pautet excelle dans les peintures du moyen-âge, et dans les descriptions historiques où la clarté et l'élégance du style révèlent chez l'auteur de l'érudition, du savoir-faire, et une imagination heureuse et brillante.

La publication de la *Revue de la Côte-d'Or et de l'ancienne Bourgogne* ayant été suspendue, M. Jules Pautet a fait ses adieux à la ville de Dijon, qu'il habitait depuis plusieurs années, et s'est retiré à Beaune, où il publie de nouveau la *Revue de la Côte-d'Or.* — Entre bonnes mains, la presse est un moyen puissant de moraliser les masses, de les diriger dans la bonne voie, de combattre l'esprit de matérialisme qui nous envahit de toutes parts, et de donner quelque prix aux œuvres de l'intelligence : or, M. Jules Pautet, comme rédacteur en chef de la nouvelle *Revue* hebdomadaire, pourra, nous l'espérons du moins, toucher à ce but.

M. Jules Pautet a publié un *Manuel d'Economie politique*, conçu avec beaucoup de précision et de clarté. Des idées grandes et généreuses y sont émises et développées.

Sous peu nous verrons paraître un ouvrage du même auteur, intitulé : *Chants du Soir*. Les antécédents de M. Jules Pautet nous donnent à l'avance une excellente opinion de ce livre de poésies.

HOMMES DE SCIENCES.

J.-B.-J. BARD.

M. Jean-Baptiste-Joseph Bard, né à Beaune en 1777, docteur en médecine de la faculté de Strasbourg, associé de l'Académie royale de Médecine, médecin du grand

Hôtel-Dieu de Beaune, correspondant du Ministère de l'Instruction publique pour la conservation des Monuments historiques de l'arrondissement de Beaune, membre de la Commission départementale des Antiquités de la Côte-d'Or, associé de la Société royale de Médecine de Marseille et de la Société des Sciences médicales de Bruxelles, honore sa profession par une probité sévère et par son dévouement à l'humanité. Il s'est acquis, à juste titre, une de ces renommées que les limites d'un arrondissement ne circonscrivent pas.

Lors de l'épidémie typhoïde, importée à Beaune par les prisonniers Espagnols, il fit preuve d'un dévouement digne d'éloge et véritablement civique. Il fut l'un des premiers médecins, dans les départements, qui pratiquèrent la désinfection Guytonienne, et reçut de Guyton-Morveau des éloges que ce savant fit imprimer dans la *Bibliothèque Médicale*.

M. le docteur Bard a contribué à introduire une foule d'améliorations dans le service médical du grand Hôtel-Dieu de Beaune, dont il est médecin depuis près de 30 ans.

M. Bard a publié un grand nombre de travaux scientifiques dans les recueils des Sociétés savantes, et dans le bulletin périodique de la Société de Médecine de Paris. Cette Société lui a décerné plusieurs médailles, dont une en or, qui lui fut remise par feu M. de Caumartin, alors député de l'arrondissement.

M. Bard unit à la science du médecin un

goût marqué pour l'archéologie. C'est surtout la numismatique qu'il a embrassée. Sa collection de médailles et de monnaies est précieuse à tous égards.

GAUTIER (Anthide).

Nous devons considérer à la fois M. Gautier comme homme de lettres et comme homme de science, mais principalement sous ce dernier point de vue.

M. Gautier a débuté dans la carrière de la littérature par un assez grand nombre de tragédies dignes d'éloges. Malheureusement il ignorait combien les abords de la scène sont peu accessibles à quiconque dédaigne les moyens de camaraderie et les plates intrigues ; aussi les obstacles qu'il a rencontrés l'ont-ils rebuté. S'il se trouvait des personnes qui attribuassent la non-réussite de notre compatriote au manque de mérite de ses œuvres théâtrales, il nous suffirait, pour établir le contraire, d'affirmer qu'une vieille célébrité parisienne, dont l'astre est singulièrement éclipsé de nos jours, n'a pas dédaigné de s'emparer d'une des pièces de M. Gautier et de la faire jouer pour son propre compte. Ces sortes d'escamotage sont à la mode de notre temps et n'ont rien d'extraordinaire.

Le travail le plus important qu'ait entrepris et exécuté M. Gautier, c'est la traduction du *Roland furieux* de l'Arioste, en vers français; pour cela, il ne lui a pas fallu moins de dix années d'application. Nous désirons vivement que cet ouvrage immense soit livré au public, et que, dès lors, M. Gautier jouisse largement d'une réputation méritée, que les coteries politiques ont pris soin jusqu'à présent de consigner dans un cercle trop étroit.

M. Gautier, lors de l'incendie de Salins, fit imprimer à Dijon un poème sur *la Fontaine-Froide*, lequel fut vendu au profit des malheureuses victimes de cet incendie.

Notre estimable compatriote a composé

en outre plusieurs chansons patriotiques d'un mérite incontestable, et, entre autres, deux ayant pour objet l'infortune des Polonais. C'est en parlant de ces dernières chansons qu'un de ses ennemis politiques depuis 1830, M. M....., disait un jour : « Je veux les faire imprimer et les joindre à mon Béranger. »

Nous connaissons aussi de M. Gautier plusieurs pamphlets fort spirituellement écrits, et parmi lesquels un seul a été produit en public, sous le pseudonyme de *Jacques Bonhomme*. Les autres n'ayant pas été publiés, nous nous garderons d'en dire mot.

La consciencieuse et ferme opposition manifestée par M. Gautier sous les Bourbons de la branche aînée et de sa digne sœur la branche cadette, engagea certains journalistes patriotes à solliciter sa coopération à leur œuvre; mais notre compatriote s'y refusa constamment, par des raisons que nous ne ferons pas connaître au public.

Les Lettres n'étaient, à vrai dire, que l'occupation secondaire de M. Gautier; il préférait, comme il préfère peut-être encore à cela, l'étude des sciences. Son esprit d'abstraction très prononcé lui faisait aimer grandement les mathématiques, qu'il cultivait avec succès.

Une riche et belle collection de plantes, une quantité assez considérable de fossiles et de rares échantillons de minéraux, témoignent de ses recherches en histoire naturelle. M. Gautier n'a point recueilli ces connaissances sur les bancs des écoles, mais seulement les livres à la main. Il suffit à cet homme de vouloir, et son intelligence se raidit devant les plus grandes difficultés et finit toujours par les vaincre.

Si M. Gautier eût consenti à renier le beau titre de *Brigand de la Loire*, que les royalistes lui jetaient au visage comme une insulte, s'il eût voulu ramper dans la poussière du despotisme ou aux pieds d'un recteur d'académie, il aurait grandi vite; mais son honorable constance n'a su faire le moindre sacrifice à la bassesse; et si l'injustice a porté un rude coup à son avenir d'homme de lettres et de savant, l'honneur lui reste: il ne faut rien de plus.

Homme de probité, de désintéressement, de grandeur d'ame et de génie, M. Gautier pouvait aller vite et loin; mais les haines politiques se sont toujours dressées devant lui comme un obstacle. Fasse la Providence que la halte de notre compatriote ne soit que momentanée.

CARNOT.

Si le bourg de Nolay est d'une pauvreté désespérante tant sous le rapport des monuments que sous celui des souvenirs historiques, en revanche il a acquis quelque célébrité comme berceau de deux hommes de génie, dont l'un, Lazare-Nicolas-Marguerite Carnot, est tout-à-fait hors de ligne, et dont l'autre, l'abbé Gandelot, a bien mérité de notre pays, par ses longues recherches sur l'histoire de Beaune, par son savoir-faire et sa louable impartialité.

Lazare-Nicolas-Marguerite Carnot naquit au bourg de Nolay, près Beaune, en 1733. Ayant embrassé la carrière militaire, il devint officier du génie; et nul doute qu'il eût végété long-temps dans cette position, si la Révolution française, qui a fait éclore tant de grandeurs inconnues, n'avait donné l'essor à son immense génie. En 1793, Carnot fut nommé membre de la Convention et du Comité de Salut public, et dès lors tous ses efforts se dirigèrent du côté de l'armée. Il combattit le système de l'obéissance passive, qui énerve et brise l'ame du soldat pour le convertir en une misérable machine, que les caprices du maître font mouvoir à leur gré ou réduisent à l'état d'inertie. Ce moyen infâme de rompre les ressorts de l'intelligence humaine, d'annihiler la pensée, de comprimer jusqu'au moindre élan d'indépendance, de dénaturer l'homme par le soldat, peut être d'une indispensable utilité pour un gouvernement despotique; mais il ne put convenir à Carnot, qui mettait les forces de la conviction bien au-dessus des forces physiques; et il fit tout son possible pour remplacer les chefs aristocrates, les capitaines de protection et de privilége, par de simples sous-officiers sortis des rangs du peuple. Ce fut lui qui produisit au grand jour

Jourdan, Hoche, Pichegru, Moreau et Kléber : or, un tel choix suffit, ce nous semble, à prouver que Carnot avait le coup-d'œil sûr.

Patriote avant tout, étranger aux affaires de coterie et de parti, Carnot ne tortura son génie que pour la France, uniquement pour la France, alors déchirée par la guerre civile et envahie par les suppôts du despotisme européen. Il fallait, pour nous sauver, non des disputes de tribune et de mesquines ambitions, mais un immense corps d'armée, des plans d'attaque et de défense. La nation se soumit sur-le-champ aux plus rudes sacrifices, offrit ses bras et ses armes, et se résuma, pour ainsi dire, dans le Comité de Salut public, lequel se résumait à son tour dans la personne de Carnot. Voilà donc les destinées de toute une nation entre les mains d'un seul homme : mais cet homme est grand et généreux, et l'amour patriotique fécondera son génie.

Carnot comprit les exigences sans nombre d'une aussi pénible tâche, et, loin de se décourager, il se mit ardemment à l'œuvre. Il voulut organiser la guerre sur un grand pied, concentrer les forces nationales, au lieu de les disséminer par petits corps d'armée, régiments ou bataillons; il voulut lancer sur nos ennemis des masses vigoureuses et accablantes; et après avoir combiné ses plans, du fond de son cabinet et par un travail de dix-huit heures par jour, il se trouva bientôt en mesure d'opposer douze cent mille hommes à la coalition.

Carnot se souciait peu de gagner une

position ; ce qu'il voulait, avant tout, c'était écraser ses adversaires et les affaiblir par un massacre épouvantable : le souffle révolutionnaire était là pour le seconder. Maubeuge, où étaient renfermés 20,000 hommes, se trouvait étroitement bloqué par l'ennemi, et il était grandement à craindre que les assiégés succombassent. Que fait Carnot? il court rejoindre l'armée du Nord et mettre en application ses moyens d'attaque; il ordonne à Jourdan de tomber sur le corps autrichien qui couvrait le blocus; notre aile gauche, inférieure en nombre, est enfoncée, le général veut la secourir ; « C'est ainsi que l'on perd les batailles? » s'écrie Carnot, et il fait renforcer la gauche par la droite victorieuse; puis, un fusil à la main, il marche en tête de la colonne à l'attaque du village de Wattignies, qui lie les Autrichiens avec le camp de Maubeuge, les oblige à battre en retraite et délivre la ville bloquée.

Ce fut encore d'après les ordres de Carnot que le brave général Hoche, se dérobant à l'armée prussienne, franchit rapidement les Vosges pour se réunir à l'armée du Rhin et mettre en déroute les troupes autrichiennes de Wurmser : ce coup décisif délivra l'Alsace. Nos villes de frontière, Valenciennes, Condé et Le Quesnoy, étaient toujours au pouvoir de l'ennemi, et, pour l'en chasser, l'infatigable Carnot fit décréter, par le Comité de Salut public, la campagne de 1794. Le tacticien Mack avait rédigé à Londres un plan duquel on attendait de grands résultats, et qui consistait à s'emparer de la place de Landrecies; ce fut dans cette intention que Cobourg réunit cent mille hommes environ dans les plaines du Cateau. Pichegru,

qui avait du courage et de l'esprit, mais un génie militaire de second ou troisième ordre, se trouva souvent en désaccord avec Carnot, qui persistait à attaquer directement le centre de l'armée ennemie et à la faire inquiéter sur ses deux ailes. Cependant les opérations militaires, mal coordonnées, ne menaient à aucun résultat favorable, et les dispositions de Pichegru n'amenaient rien de décisif; c'est alors que, dit M. Thiers, dans son Histoire de la Révolution Française, « Carnot, jugeant encore mieux que
« Pichegru la situation des choses, donna
« un ordre qui décida le destin de la cam-
« pagne. Commençant à sentir que le point
« sur lequel il fallait frapper les coalisés
« était la Sambre et la Meuse, que, battus
« sur cette ligne, ils étaient séparés de leur
« base, il ordonna à Jourdan d'amener à
« lui quinze mille hommes de l'armée du

« Rhin, de laisser sur le versant occiden-
« tal des Vosges les troupes indispensables
« pour couvrir cette frontière, de quitter
« ensuite la Moselle, avec quarante-cinq
« mille hommes, et de se porter sur la
« Sambre à marches forcées. L'armée de
« Jourdan, réunie à celle de Maubeuge, de-
« vait former une masse de quatre-vingt-dix
« ou cent mille hommes, et entraîner la
« défaite sur le point décisif. Cet ordre,
« le plus beau de la campagne, celui au-
« quel il faut en attribuer tous les résultats,
« partit, le 11 floréal (30 avril), des bu-
« reaux du Comité de Salut public. »

Pour bien juger Carnot, nous le répé-
tons, il faut observer chez lui la fixité du
but auquel il vise constamment, et ce but
consistait dans l'inviolabilité de notre ter-
ritoire. Cet homme ne dédaignait pas de

s'asseoir à côté de Robespierre, du moment que le parti Jacobin lui offrait, par sa vigueur et son esprit de concentration, les ressources tant matérielles que morales pour arriver à l'expulsion ou à la défaite des troupes ennemies; puis, quelque temps après, il apostrophait Robespierre, Saint-Just et Couthon du nom de *triumvirs*. Saint-Just demande son renvoi du Comité. « Tu en sortiras avant moi », répond froidement Carnot.

Carnot arriva au Directoire, et bien que la Constitution de l'an III lui parût empreinte de sentiments contre-révolutionnaires, il l'adopta sans murmure, avec l'espérance sans doute que tôt ou tard elle subirait une réforme avantageuse pour le peuple. Il se trompait.

Voici venir le Consulat : Carnot espère encore, et accepte l'emploi de ministre de la guerre ; mais, complétement déçu dans son espoir, il se retire au bout de six mois et s'oppose autant qu'il le peut aux ambitieuses tentatives de Bonaparte, et sa protestation contre l'absolutisme naissant mérite d'être relatée : « Ce n'est point,
« dit-il, par la nature de leur gouverne-
« ment que les grandes républiques man-
« quent de stabilité; c'est parce qu'étant im-
« provisées au milieu des tempêtes, c'est
« l'exaltation qui préside à leur établisse-
« ment. Mais lorsqu'on peut établir un
« nouvel ordre de choses sans subir l'in-
« fluence des factions, il est moins difficile
« de former *une république sans anarchie,*
« *qu'une monarchie sans despotisme*..... La
« liberté fut-elle donc montrée à l'homme

« pour qu'il ne pût jamais en jouir? Non;
« je ne puis consentir à regarder ce bien,
« si universellement préféré à tous les autres,
« sans lequel tous les autres ne sont rien,
« comme une simple illusion. Mon cœur
« me dit que la liberté est possible, que
« le régime en est facile et plus stable
« qu'aucun gouvernement arbitraire, qu'au-
« cune oligarchie. »

Ecoutons maintenant l'Encyclopédie de MM. Reynaud et Leroux :

« Cependant la nation semblait empressée de s'annuler au profit d'une dynastie. Mais, était-ce de sa part un penchant naturel, un acte vraiment libre? non ; c'était l'effet d'une sorte de captation. Quand un peuple a une fois senti sa volonté, il ne peut, au fond de l'ame, consentir à être gouverné que par elle, parce qu'on ne peut réellement vouloir aliéner son libre arbitre quand on en a la conscience. Un tel peuple, en dépit de lui-même, est foncièrement républicain. Ce n'est donc pas le vœu de la nation que Carnot combattait alors; au contraire, il la rappelait à son véritable vœu, à son instinct naturel, qu'une fascination passagère lui faisait oublier. »

Tandis que les sans-culottes, les anciens porteurs de bonnets rouges, les roués de toutes les couleurs, se traînaient en plats courtisans aux pieds du jeune despote qui venait de renier sa *mère*, Carnot ne cessait d'aimer le pauvre peuple et de rêver pour lui des jours meilleurs. Cependant, quand vint à pâlir l'étoile de l'Empereur et que son aigle à l'agonie replia ses ailes, le généreux Carnot, qui l'avait combattu puissant, vint lui tendre la main et son épée aux jours de malheur; car il voyait arriver, derrière *un Français de plus*, des Cosaques et des fourgons autrichiens; et dès lors il y avait cause commune entre la nation et son maître. L'opiniâtre défense d'Anvers a valu à Carnot des éloges mérités et la reconnaissance des habitants, qui lui ont élevé une statue dans la ville.

Quand Napoléon, trop à l'étroit dans l'île d'Elbe, reprit en 1815 la route de Paris, en promettant au peuple affaissé un peu moins de despotisme et un peu plus de liberté, Carnot fut appelé au ministère de l'intérieur.

Après la déroute de Waterloo, le 21 juin, Napoléon descendit à l'Elysée, se mit au bain et rassembla ses ministres autour de lui. « D'abord, dit M. de Norvins, le découragement parut régner dans les cœurs, et se manifesta par des paroles peu dignes de Ministres français; mais Carnot et Lucien proposèrent des mesures hardies et proportionnées à l'imminence du danger. » Toujours Carnot!

La coalition ayant pour la seconde fois ramené les Bourbons sur le trône de France, l'honnête et sage Carnot fut contraint, à l'âge de quatre-vingt-deux ans, de subir les douleurs de l'exil; car on ne lui pardonna point ces paroles prononcées à la Convention lors du jugement de Louis XVI : « Jamais devoir ne pesa davantage sur mon cœur; mais la justice veut que Louis meure, et la politique le veut également. »

En exil, Carnot conserva toujours cette

même sérénité d'ame, que l'on avait remarquée en lui dans les grandes circonstances de sa vie, et mourut à Magdebourg, en 1823, loin de cette patrie qu'il aimait tant, et pour laquelle il avait fait de si grands sacrifices.

Ce fut un de ces hommes fortement trempés, qui font abnégation de leur individualité, qui confondent leurs intérêts avec les intérêts de la nation, et s'éteignent paisiblement avec la conviction d'avoir rempli leurs devoirs, sans crainte que la postérité maudisse un jour leurs mânes.

GANDELOT.

Gandelot naquit à Nolay vers 1720, embrassa l'état ecclésiastique et obtint une chapelle à la nomination des chanoines de Beaune, où sa bonté et ses talents lui valurent une grande considération. Son *Histoire de la ville de Beaune et de ses antiquités*, imprimée à Dijon en 1772, est un ouvrage très remarquable, qui a coûté à l'auteur vingt années de travail. La diction est sèche, mais cela tient à l'agencement des faits, au plan de l'ouvrage; et avec la meilleure volonté possible, en suivant la même direction, on n'eût pas, que nous sachions, réussi à faire mieux. L'intérêt se trouve enseveli presque toujours au milieu de détails arides, sans nerf ni sève, qui, pour la plupart n'ont rapport qu'aux mœurs et usages du clergé. Mais, quoi qu'il en soit, nous devons reconnaître que, dans cette histoire, il se trouve de nombreuses preuves de l'érudition et de l'impartialité de l'auteur. Son discours sur les mœurs, la religion et la politique des Gaulois, nous donne la certitude que l'abbé

Gandelot ne se laissait rebuter par aucun obstacle et ne reculait point devant la fatigue que comportent de consciencieuses recherches. — Ce fut l'abbé Gandelot qui enrichit Beaune du plant de Malaga.

Ce savant et respectable abbé mourut à Beaune le 2 avril 1785.

Nous compléterons, autant qu'il est en nous, la série des Notices Biographiques qui précèdent, par une Liste d'Ecrivains et d'Artistes de Beaune et des environs, afin que le tout donne une idée exacte du mouvement intellectuel de notre Contrée depuis GANDELOT.

M. BILLARDET, docteur en médecine, traducteur de l'Introduction à l'Histoire de la Médecine ancienne et moderne, par *Rosario Scuderi*, et de la tragédie de Silvio Pellico, intitulée : *Francesca di Rimini*. Cette dernière traduction, imprimée par M. Blondeau-Dejussieu, et que nous avons en ce moment sous les yeux, rend on ne peut mieux la pensée de l'auteur. Le style en est simple, correct, noble, élevé.

BRUGNOT (Charles), né à Painblanc, ancien rédacteur du *Provincial,* de Dijon, et fondateur du journal *le Spectateur*. Une année après sa mort, sa veuve a publié un volume de poésies dont il était l'auteur. Ces poésies ont reçu l'accueil le plus favorable de nos compatriotes.

CHAUVELOT (Sylvestre), habile mathématicien, né à Beaune en 1747, mort en 1832, a laissé de nombreux manuscrits.

Dard (J.), né à Maconge, instituteur de l'école Wolofe-Française du Sénégal, puis professeur à Bligny-sous-Beaune, mort au Sénégal en 183..., auteur de *dictionnaires* et *grammaires Wolofe*.

Duret, médecin à Nuits. — *Catalogue des Plantes qui croissent naturellement dans le département de la Côte-d'Or*, br. in-8°; et, avec le concours de M. Loret, la *Flore de la Côte-d'Or*, 2 gros vol. in-8°, Dijon, 1831.

Foisset (Sylvestre), abbé, collaborateur de l'*Université Catholique,* comme son frère, et auteur de quelques petits ouvrages de piété, anonymes.

Larroque (Patrice), recteur de l'Académie de Limoges, né à Beaune, auteur des *Éléments de Philosophie*, 1 vol. in-8°, chez Hachette ; *Mémoire sur l'Instruction publique, adressé aux Chambres*, Paris, Hachette, br. in-8° de 84 pages, et des *Entretiens sur les éléments de l'Astronomie, de l'Histoire Naturelle*, etc., ouvrage couronné par la Société pour l'Instruction élémentaire, in-12, chez Colas.

Lavirotte, né à Arnay-le-Duc, receveur particulier des finances à Autun, auteur des *Annales d'Arnay-le-Duc*, 1 vol. grand in-8°, fig., publié en 1837.

Masson (le docteur), médecin à Beaune. *Considérations philosophiques et politiques sur la Peine de Mort*. Paris, madame veuve Charles-Béchet, 1832, in-8°.

Martin jeune, né à Beaune. — *Lettres à Eucharite sur l'Arithmétique*, 1 vol. in-8°, chez Tétot frères, à Paris; et quelques autres opuscules sur la même matière.

Millié (Jean-Baptiste-Joseph), né à Beaune, traducteur des *Lusiades* du Camoëns, mort en 1826.

Missery (Suremain de), né à Beaune, mathématicien. Voici la liste de ses ouvrages : *Théorie acoustico-musicale*, Paris, Didot, 1793, 1 vol. in-8°. — *Théorie algébrique des quantités purement imaginaires, et des fonctions qui en résultent,*

Paris, Didot, an 9, 1801, 1 vol. in-8°.
— *Essai analytique sur le Langage et l'Entendement, l'Ecriture et la Lecture, considérés dans leurs rapports mutuels,* Paris, Magasin des pièces de théâtres, an 9, 1 vol. in-8° (ne se trouve plus). — *Questions sur la Constitution de* 1814, Paris, 1814, in-8°. — *Examen de l'ouvrage qui a pour titre : le Mystère des Magnétiseurs et des Somnambules,* etc., Paris, Dentu, 1816, in-8°. — *Méprises d'un Géomètre de l'Institut, manifestées par un Provincial,* Paris, Dentu, 1816, in-8°. — *Réfutation de la défense de l'Essai sur l'indifférence en matière de religion,* de M. de La Mennais, Dijon, 1822, in-8°; etc., etc.

MORLENT (J.), né à Beaune, rédacteur de la *Revue du Hâvre,* auteur du *Voyage historique et pittoresque du Hâvre à Rouen,* in-18, fig., br. — *Voyage historique et pittoresque du Hâvre à Caen,* in-18, fig., br. — *Guide de l'étranger au Hâvre.*

Morelot (Denis), docteur en médecine, né à Beaune, auteur de la *Statistique de la Vigne dans le département de la Côte-d'Or,* 1 vol. in-8°, 1831, et de quelques opuscules littéraires et notices archéologiques. L'un des hommes les plus versés dans l'étude de l'histoire de Bourgogne.

Morelot (Romain), cousin du précédent, professeur à l'Ecole de Droit de Dijon. — *Dictées de Droit français,* 3 vol. in-12, Dijon, Lagier.

Naigeon, peintre d'histoire, né à Beaune, mort conservateur du Musée du Luxembourg, a peint la plupart des Caissons du Musée du Luxembourg, etc., fait le portrait remarquable de Monge, qui est à l'hôtel-de-ville de Beaune.

Nicolas (F.), professeur au collége de Mâcon. — *Les Soirées d'hiver*, poésies dédiées à Lamartine. — Cette brochure a obtenu un succès mérité; on y rencontre la grandeur d'ame et le noble caractère d'un enfant du peuple.

Pacault (M{}^{lle} Désirée), membre de plusieurs académies et sociétés littéraires, auteur du *Jeune Grec* et d'autres poésies qui ont trouvé place dans plusieurs Recueils, entre autres, dans la *Revue de la Côte-d'Or* mensuelle.

Parent, docteur en médecine. — *Mémoire sur la rétroversion de l'utérus*, br. in-8°.

Rossignol (C.), né à Volnay. — *Études hébraïques facilitées*, 1 vol. in-8°, Dijon. — *De la Religion, d'après les documents antérieurs à Moïse*, 1 vol. in-8°. — L'un des philologues les plus distingués de France, doué d'une aptitude extraordinaire pour l'étude des langues, dont une demi-douzaine lui sont familières.

Fin.

TABLE DES MATIÈRES.

Avant-Propos..........................	I
Origine de la ville de Beaune...............	1
Impossibilité d'assigner à cette origine une date précise..........................	2
César, dans les Gaules, se concilie l'affection des Éduens........................	3
Il cherche à se maintenir dans leur pays, qu'il fortifie............................	3—4
Il fait camper ses troupes dans les lieux où depuis ont été bâtis Beaune et Dijon......	5
Beaune préposé à la garde de la grande route connue aujourd'hui sous le nom de chemin-ferré..............................	ib
Beaune fondé vers l'an 752 de Rome........	6
Beaune appelé primitivement *Minervia*.......	ib.
Dénomination *Belno-Castrum* substituée à *Minervia*.............................	8
Opinions des divers Auteurs sur ces dénominations successives.......................	8—9
Forme primitive de Beaune................	10

BEAUNE MODERNE.

RUINES ET SOUVENIRS HISTORIQUES.	13
Le Château, — commencé sous Louis XI, terminé sous Louis XII....................	16
En 1585, le Château est cédé à la Ligue.....	17
Arrivée de Mayenne à Beaune. — Il fait abattre les faubourgs............................	18
Le maire, les échevins et les notables concertent la révolte........................	19
La conjuration éclate, le 5 février 1595, au son du beffroi de la *grosse horloge*, et du canon qui gronde sur les remparts. — On élève des barricades.................................	ib.
Une quarantaine de Ligueurs, assaillis par le peuple, jonchent la terre de leurs cadavres..	20
Tumulte épouvantable. — Les Ligueurs battent en retraite vers la rue des Buissons.......	ib.
Le maréchal de Biron dans la ville. — Les Ligueurs se rendent........................	21
Le Château démoli par ordre de Henri IV...	24
Hôtel-Dieu, — fondé par Nicolas Rollin......	25
Notice sur le chancelier Rollin...............	26
Histoire de Jeanne Boisson ou *la sainte de Nolay*...................................	28
Contestation relative à l'expulsion, de l'Hôtel-Dieu de Beaune, du ministre calviniste Urbain Blevet.................................	30

Singulière coutume qui existait autrefois à l'Hôtel-Dieu de Beaune....................	31
Des Constructions modernes annexées à l'ancien Hôtel-Dieu.............................	32
Visites royales dont s'honore l'Hôtel-Dieu....	33
La Place Saint-Pierre, — où s'élevait encore, au commencement de notre siècle, la vieille église Saint-Pierre, achevée en 1098.....	33—34
Comment se pratiquait la Religion dans cette église................................	37
La Collégiale de Notre-Dame.................	38
L'imagerie de son grand portail détruite pendant la Révolution.......................	40
Fondation de l'église Notre-Dame vers la fin du dixième siècle.........................	41
La Place d'Armes, — où s'élevaient, il y a cinquante ans, les murailles de la Maison-de-Ville, bâtie sous Louis XII................	ib.
Le beffroi et la tour de l'Horloge............	43
Inscription que porte le gros timbre en relief et en caractères gothiques.................	44
De l'homme préposé jadis à la surveillance des rouages de l'Horloge..................	ib.
Du globe de cuivre marquant les phases de la lune...................................	46
La rue des Tonneliers, — rappelle la vigoureuse défense d'un seigneur de Serrigny..........	47
— Célèbre par l'expulsion qui y eut lieu, dans le XIIe siècle, d'une bande de Cottereaux...	ib.

— Célèbre aussi par la construction des barricades et les escarmouches qui eurent lieu dans le siége contre les Ligueurs.......... 49

Couvent de Jacobines, construit au XVIIe siècle, par Nicolas Boursault, rue des Tonneliers.. 50

—des Jacobins ou Dominicains (place Morimont) 51

— des Cordeliers (entre l'Hôtel-Dieu et l'église Saint-Pierre)......................... 38—52

— des Minimes (près la Porte-Saint-Martin).. 55

— des Pères de l'Oratoire................. 56

Chapelle de l'Oratoire élevée, au XVIIe siècle, sur l'emplacement de l'ancien hôpital du Bourgneuf................................. 57

Couvent des Carmélites (aujourd'hui la Prison). 59

— des Bernardines (rue du Rempart)....... 60

— de la Visitation (en face le Collége)....... ib.

— des Ursulines (aujourd'hui l'Hôtel-de-Ville). 61

Forteresses transformées en lieux de plaisance. 62

Bastion Saint-Nicolas (sur l'emplacement duquel se trouve le Wauxhall)................ 64

Bastion Notre-Dame. — Tour Blondeau...... ib.

Tour Renard. — Bastion Sainte-Agathe (touchant à la Porte Madeleine)................ 65

Tour des Poudres. — Grosse tour en face le faubourg Perpreuil.. — Boulevard des Cordeliers.................................... 65

Bastion de la Bretonnière.................... ib.

Boulevard de la Bussière.—Boulevard des Filles (converti en caves par M. Verry)........... ib.

Faubourg St.-Jean, — rappelle l'ordre des chevaliers de Malte..... 67

Relâchement de cet ordre. — Les chevaliers se permettent des insultes et voies de fait envers les Beaunois. Le commandeur Gérard de Fouquerolle est condamné par le duc Philippe-le-Hardi à payer l'amende............ 68

Bâtiments où logeaient les chevaliers, démolis sur la fin du XVIe siècle.................. 69

Faubourg Madeleine, — rasé, du temps de la Ligue, par ordre de Mayenne............. ib.

Sur la grande place s'élevait, avant la Révolution, l'église Madeleine.................. 70

Faubourg St.-Jacques, — avait un couvent de Templiers............................... ib.

Relâchement des Templiers. — Après l'abolition de l'ordre, leurs biens passent aux chevaliers de Malte............................. 71

Digression sur la tyrannie de Philippe-le-Bel et de son ministre Enguerrand de Marigny envers les Templiers......... 72

Faubourg St.-Martin, — où existe encore le vieux couvent des Capucins..................... 74

Nouveau monastère des Carmélites, rue de Chorey 75

La Chartreuse, — fondée en 1332 sur les ruines d'un ancien couvent de Bénédictins........ 76

— Rebâtie au XIVe siècle, brûlée par les Religionnaires, en 1579; reconstruite, puis brûlée de nouveau par les Impériaux, en 1637. 77

RUINES ET SOUVENIRS HISTORIQUES
DES ENVIRONS DE BEAUNE.

L'abbaye de Citeaux........................	81
Nuits.......................................	99
Le château de La Roche-Pot...............	113
Savigny....................................	127
La colonne de Cussy.......................	139
Le château de La Borde...................	151
Argilly....................................	161

MACÉDOINE. 169

Muresault..................................	170
Auxey......................................	172
Vollenay. — Pommard......................	173
L'abbaye de Ste-Marguerite. — Bouilland....	174
Chorey.....................................	175
Varennes...................................	177
Combertault................................	178

VARIÉTÉS HISTORIQUES.

La Torture en Bourgogne...................	181
Les Calvinistes à Beaune...................	193
Une exécution en 1473.....................	205
Un village dans la plaine..................	213
La fête des fous............................	221

BIOGRAPHIE DES ÉCRIVAINS BEAUNOIS.

Gaspard Monge	235
François Pasumot	253
Claude Mallemans de Messanges	263
Jean Mallemans	269
Étienne Mallemans	273
Moreau de Mautour	275
Le général Veaux	287

ECRIVAINS CONTEMPORAINS.

HOMMES DE LETTRES. 293

Joseph Bard	295
Foisset (Théophile)	301
J.-F.-Jules Pautet	305

HOMMES DE SCIENCE.

J.-B.-J. Bard	313
Gautier (Anthide)	317
Carnot	325
Gandelot	341
Billardet	345
Brugnot (Charles)	346
Chauvelot (Sylvestre)	ib.
Dard (J.)	347
Duret	ib.
Foisset (Sylvestre)	ib.

Larroque (Patrice)	348
Lavirotte	ib.
Masson (le docteur)	ib.
Martin jeune	349
Millié (Jean-Baptiste-Joseph)	ib.
Missery (Suremain de)	ib.
Morlent (J.)	350
Morelot (Denis)	351
Morelot (Romain)	ib.
Naigeon	352
Nicolas (F.)	ib.
Pacault (Mlle Désirée)	ib.
Parent (le docteur)	353
Rossignol (C.)	ib.

FIN DE LA TABLE.

FRAGMENTS
HISTORIQUES
SUR LA VILLE
DE BEAUNE
ET SES ENVIRONS,

Par Pierre JOIGNEAUX.

Depuis qu'une utile impulsion a été donnée aux études historiques, nous voyons surgir de toutes parts des écrivains consciencieux qui viennent apporter leur pierre pour contribuer à l'érection d'un vaste monument d'histoire générale, qui groupera et coordonnera tous les faits épars, et généralisera les efforts de chacun. Sans sortir de notre province, nous citerons M. Migneret, qui a donné récemment une histoire loyale, savante et pleine d'intérêt, de l'antique cité des Lingons ; M. Lavirotte, qui a publié dernièrement l'histoire de la ville d'Arnay-le-Duc, si remplie de documents utiles et puisés aux meilleures sources.

Nous sommes heureux d'annoncer aujourd'hui qu'un jeune écrivain plein de verve et de talent, M. Pierre Joigneaux, vient de faire paraître un nouveau travail sur la ville de Beaune : — Beaune l'ancien siége du parlement de Bourgogne et d'une cour d'appeaux ; Beaune auquel Henri IV attachait tant de prix, qu'il fit chanter à Paris un *Te Deum* pour célébrer le triomphe de ses habitants sur les Ligueurs ; Beaune que son admirable position topographique rend le centre d'un commerce d'exportation considérable ; Beaune célèbre par son magnifique hôpital, sa riche bibliothèque, son église Notre-Dame, commencée au dixième siècle ; Beaune, enfin, dont la vie passée tient une grande place dans notre histoire de Bourgogne.

M. Pierre Joigneaux a pensé que l'histoire de nos cités, pour être présentée dans une narration suivie, n'avait pas une importance assez soutenue dans le cours des siècles ; et il a préféré, comme il le dit lui-même dans son Avant-Propos, fouiller çà et là dans les replis de la vieille cité bourguignonne pour en extraire des souvenirs importants, disséminés dans la nuit des temps, à des distances plus ou moins éloignées.

L'auteur commence par une dissertation bien raisonnée sur l'origine de Beaune, qu'il fait remonter à l'an 752 de Rome. Il passe en revue l'opinion des auteurs qui ont, avant lui, écrit sur le même sujet, en s'abstenant de la puérile prétention de voir dans Beaune la Bibracte des Eduens. Puis il donne, avec les raisonnements les plus plausibles, la description de la forme de Beaune à son origine.

Sous le titre de BEAUNE MODERNE, *Ruines et souvenirs historiques,* l'auteur passe en revue les événements intéressants qui ont eu Beaune pour théâtre. Il fait un examen successif de tous ses monuments militaires, civils et religieux, en donnant toujours à ses récits et à ses descriptions une couleur vive, piquante et pleine d'animation; ne négligeant aucun des souvenirs historiques, et les mettant en relief par un style jeune et chaleureux.

Monuments intérieurs, fondations pieuses, fortifications, établissements extérieurs, faubourgs, tout est décrit avec soin, avec richesse, avec savoir, et sans sécheresse.

Puis l'auteur arrive aux Environs de la cité de Bourgogne. Il commence par la description de la célèbre abbaye de Citeaux, et promène son lecteur, qui le suit avec empressement et plaisir, car il n'est jamais monotone et froid, à Nuits, à La Roche-Pot, à Savigny, à Cussy, à Laborde, etc., etc.

Il ne laisse rien passer sans évoquer les souvenirs intéressants qui se rattachent aux monuments, aux sites, aux vues, et il les présente avec poésie de style et poésie de pensée.

Sous le titre de *Variétés historiques*, M. Joigneaux nous retrace l'horrible tableau de la torture en Bourgogne; il nous montre les Calvinistes à Beaune; il nous fait assister à une exécution en 1473; il nous peint, enfin, un village dans la plaine, avec une admirable fraîcheur de coloris; et il fait parader sous nos yeux la burlesque cérémonie de la *Fête des Fous*. Enfin il termine son intéressant volume, qui sera bientôt dans toutes les bibliothèques, par une biographie des notabilités militaires, scientifiques, artistiques et littéraires de la cité dont il fait l'histoire. Cette biographie comprend les hommes vivants.

Nous ne craignons pas de dire que, par la manière dont l'auteur a traité son sujet, il a su lui donner un intérêt général, qui rendra la lecture de son livre agréable et utile bien au-delà de la province à laquelle appartient la ville dont il parle. Ses pages, par la mâle vigueur du style, par la variété du coloris, par la richesse des détails, retracent des époques historiques générales, tant il y a de conscience dans les recherches et de savoir dans la manière d'évoquer les souvenirs et de peindre les mœurs et les coutumes. Pour que l'on soit à même de juger de l'importance des matières traitées dans cet Ouvrage, nous allons en reproduire la Table et la Liste biographique.

TABLE DES MATIÈRES.

Avant-Propos. — Origine de la ville de Beaune. — Impossibilité d'assigner à cette origine une date précise. — César, dans les Gaules, se concilie l'affection des Éduens. — Il cherche à se maintenir dans leur pays, qu'il fortifie. — Il fait camper ses troupes dans les lieux où depuis ont été bâtis Beaune et Dijon. — Beaune préposé à la garde de la grande route connue aujourd'hui sous le nom de chemin-ferré. — Beaune fondé vers l'an 752 de Rome. — Beaune appelé primitivement *Minervia*. — Dénomination *Belno-Castrum* substituée à *Minervia*. — Opinions des divers Auteurs sur ces dénominations successives. — Forme primitive de Beaune.

BEAUNE MODERNE.
RUINES ET SOUVENIRS HISTORIQUES.

Le Château, — commencé sous Louis XI, terminé sous Louis XII. — En 1585, le Château est cédé à la Ligue. — Arrivée de Mayenne à Beaune. — Il fait abattre les faubourgs. — Le maire, les échevins et les notables concertent la révolte. — La conjuration éclate, le 5 février 1595, au son du beffroi de la *grosse horloge*, et du canon qui gronde sur les remparts. — On élève des barricades. — Une quarantaine de Ligueurs, assaillis par le peuple, jonchent la terre de leurs cadavres. — Tumulte épouvantable. — Les Ligueurs battent en retraite vers la rue des Buissons. — Le maréchal de Biron dans la ville. — Les Ligueurs se rendent. — Le Château démoli par ordre de Henri IV. — **Hôtel-Dieu,** — fondé par Nicolas Rollin. — Notice sur le chancelier Rollin. — Histoire de Jeanne Boisson ou *la sainte de Nolay*. — Contestation relative à l'expulsion, de l'Hôtel-Dieu de Beaune, du ministre calviniste Urbain Blevet. — Singulière coutume qui existait autrefois à l'Hôtel-

Dieu de Beaune. — Des Constructions modernes annexées à l'ancien Hôtel-Dieu. — Visites royales dont s'honore l'Hôtel-Dieu. — **La Place Saint-Pierre**, — où s'élevait encore, au commencement de notre siècle, la vieille église Saint-Pierre, achevée en 1098. — Comment se pratiquait la Religion dans cette église. — **La Collégiale de Notre-Dame.** — L'imagerie de son grand portail détruite pendant la Révolution. — Fondation de l'église Notre-Dame vers la fin du dixième siècle. — **La Place d'Armes**, — où s'élevaient, il y a cinquante ans, les murailles de la Maison-de-Ville, bâtie sous Louis XII. — Le beffroi et la tour de l'Horloge. — Inscription que porte le gros timbre en relief et en caractères gothiques. — De l'homme préposé jadis à la surveillance des rouages de l'Horloge. — Du globe de cuivre marquant les phases de la lune. — **La rue des Tonneliers**, — rappelle la vigoureuse défense d'un seigneur de Serrigny ; — célèbre par l'expulsion qui y eut lieu, dans le XIIe siècle, d'une bande de Cottereaux ; — célèbre aussi par la construction des barricades et les escarmouches qui eurent lieu dans le siége contre les Ligueurs. — Couvent de Jacobines, construit au XVIIe siècle, par Nicolas Boursault, rue des Tonneliers ; — des Jacobins ou Dominicains (place Morimont) ; — des Cordeliers (entre l'Hôtel-Dieu et l'église Saint-Pierre) ; — des Minimes (près la Porte-Saint-Martin) ; — des Pères de l'Oratoire. — Chapelle de l'Oratoire élevée, au XVIIe siècle, sur l'emplacement de l'ancien hôpital du Bourgneuf. — Couvent des Carmélites (aujourd'hui la Prison) ; — des Bernardines (rue du Rempart) ; — de la Visitation (en face le Collége) ; — des Ursulines (aujourd'hui l'Hôtel-de-Ville). — Forteresses transformées en lieux de plaisance. — Bastion Saint-Nicolas (sur l'emplacement duquel se trouve le Wauxhall). — Bastion Notre-Dame. — Tour Blondeau. — Tour Renard. — Bastion Sainte-Agathe (touchant à la Porte Madeleine). — Tour des Poudres. — Grosse tour en face le faubourg Perpreuil. — Boulevard des Cordeliers. — Bastion de la Bretonnière.

—Boulevard de la Bussière. — Boulevard des Filles (converti en caves par M. Verry). — **Faubourg St.-Jean,** — rappelle l'ordre des chevaliers de Malte.—Relâchement de cet ordre. — Les chevaliers se permettent des insultes et voies de fait envers les Beaunois. — Le commandeur Gérard de Fouquerolle est condamné par le duc Philippe-le-Hardi à payer l'amende. — Bâtiments où logeaient les chevaliers, démolis sur la fin du XVIe siècle. — **Faubourg Madeleine,** — rasé, du temps de la Ligue, par ordre de Mayenne. — Sur la grande place s'élevait, avant la Révolution, l'église Madeleine. — **Faubourg St.-Jacques,** — avait un couvent de Templiers. — Relâchement des Templiers. — Après l'abolition de l'ordre, leurs biens passent aux chevaliers de Malte. — Digression sur la tyrannie de Philippe-le-Bel et de son ministre Enguerrand de Marigny envers les Templiers. — **Faubourg St.-Martin,** — où existe encore le vieux couvent des Capucins. — Nouveau monastère des Carmélites, rue de Chorey. — La Chartreuse, — fondée en 1332 sur les ruines d'un ancien couvent de Bénédictins; — rebâtie au XIVe siècle, brûlée par les Religionnaires, en 1579; reconstruite, puis brûlée de nouveau par les Impériaux, en 1637.

RUINES ET SOUVENIRS HISTORIQUES
DES ENVIRONS DE BEAUNE.

L'abbaye de Cîteaux.—Nuits.—Le château de La Roche-Pot. — Savigny. — La colonne de Cussy. — Le château de La Borde. — Argilly.

MACÉDOINE.

Muresault. — Auxey. — Vollenay. — Pommard. — L'abbaye de Ste-Marguerite,—Bouilland.—Chorey.—Varennes. Combertault.

VARIÉTÉS HISTORIQUES.

La Torture en Bourgogne. — Les Calvinistes à Beaune. — Une exécution en 1473. — Un village dans la plaine. — La fête des Fous.

BIOGRAPHIE DES ÉCRIVAINS BEAUNOIS.

Gandelot. — Gaspard Monge. — François Pasumot. — Claude Mallemans de Messanges. — Jean Mallemans. — Étienne Mallemans. — Moreau de Mautour. — Le général Veaux.

Écrivains Contemporains.

HOMMES DE LETTRES.

Joseph Bard. — Foisset (Théophile). — J.-F.-Jules Pautet.

HOMMES DE SCIENCE.

J.-B.-Joseph Bard. — Gautier (Anthide). — Carnot. — Billardet (le docteur). — Brugnot (Charles). — Chauvelot. (Sylvestre). — Dard (J.). — Duret. — Foisset (Sylvestre). — Larroque (Patrice). — Lavirotte. — Masson (le docteur). — Martin jeune. — Millié (Jean-Baptiste-Joseph). — Missery (Suremain de). — Morlent (J.). — Morelot (Denis). — Morelot (Romain). — Naigeon. — Nicolas (F.). — Pacault (Mlle Désirée). — Parent (le docteur). — Rossignol (C.).

Cet Ouvrage forme un beau volume in-8°, papier superfin, satiné. — Prix, 5 fr. :

A BEAUNE,

Chez **BLONDEAU-DEJUSSIEU**, Imprimeur-Libraire, Grand'Rue et place d'Armes ;

A PARIS,

Chez **GUILLEMOT**, Libraire, rue Saint-André-des-Arts, 68.

BEAUNE. — IMPRIMERIE DE BLONDEAU-DEJUSSIEU.